殖民主義篇

為什麼會有**殖民地**？
殖民政策如何影響當今全球權力布局？

La colonisation expliquée à tous

從地理、歷史與社會學角度，綜觀大國如何崛起

馬克・費侯 MARC FERRO ——著

翁德明——譯

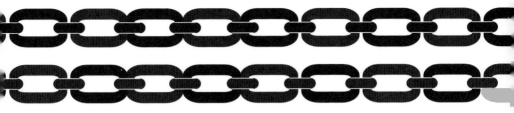

獻給Mireille Souyri和Claude Duchet

導讀　以「歷史思考」培育公民素養的一個範例

黃春木｜台北市立建國高級中學歷史科教師

突破分科框架

受到長期分科教學的影響，許多學生傾向孤立、零碎地看待每一個科目，什麼議題出現在什麼教科書中，便就此認定這是專屬於那一個科目的獨家內容。不過，不同科目的教科書實際上是會處理到相同議題的，比較麻煩的是，受到長期分科研究的影響，相同議題的教材編寫各行其是，少有對話，更難統整，有時彼此間的觀點還出現了矛盾（矛盾的存在未必不合理），於是研讀不同科目教科書的同一批學生便很困惑，甚至緊張。緊張什麼呢？因為有標準答案的要求。所以，比較厲害的學生都懂得要在不同科目的答卷中如何「正確地」回答問題，絕不會把A科目的答案寫到B科目去。

上述現象所牽涉的學術研究或課程教學問題（problems）很大，雖然一時之間不易處理，但覺察這些現象及問題，確屬必要，而著手改善，做出實績，即使猶如本書這樣的精簡篇幅，仍是深具價值的。

本書作者馬克・費侯（Marc Ferro, 1924-）是聞名於世的年鑑學派法國籍史家，他以歷史學為根基，結合地理學和社會學，以宏觀的視野探究「歐洲殖民主義」，對於台灣而言，這是迫近的重要議題，因為近代日本實施「脫亞入歐」的改革後，就是以這套殖民主義侵占台灣。

台灣的學生應該會很直覺地將本書歸類於歷史書，無視於「殖民主義」所涉及的人權、自由、族群關係、國際霸權等都屬於「公民」議題，也不太會習慣地把地理因素融入歷史教材中進行比對、分析及統整思考。費侯於本書中實地演示了這樣的跨學科探究，在時、空脈絡中賦予諸多「公民」議題具體且深入的分析，而非直接以自己當下的意識形態或價值偏好，在「言論自由」大帽子下就相關「公民」議題恣意直言，甚至進行「酸」、「嗆」、「黑」的表達。

設身處地的思考

台灣目前堪稱是一個自由的社會，但離民主境界還有一些距離，癥結在於欠缺對話、欠缺信任，所以不同立場之間往往傾向以「否定」來相互對待，在「否定」之下，對方就不會是「同一國的」，而且八成（或全部）是「壞人」。

如何從自由走向民主呢？關鍵在於「設身處地的思考」，當我們理解一個現象或處理一個問題時，應該嘗試著想像、推論、分析「他／他們」做出這種行動的背景或動機是什麼？過程中有哪些因素產生重要的作用？實際上獲得什麼效益？付出什麼代價？帶來什麼衝擊？被影響的人如何反應？這個結果後來面臨什麼樣的變遷？哪些觀念、制度或科技因素導致變遷？「我／我們」該依據哪些原則或價值來評價這個變遷的過程及結果？如此評價及批判有助於問題的解決或社會的轉型發展嗎？

不用驚訝，其實這就是歷史思考！歷史思考優先是、而且一直都是「設身處地的思考」，這雖然不保證一定可以洞察真相，但缺少設身處地的思考，一定無法洞察真相。

費侯於本書中實地演示了這樣的設身處地思考。相對於現在，他回顧十六世紀以來的發展，相對於法國，他環顧不同帝國主義國家的異同，相對於歐洲人，他凝視亞非殖民地人民的處境和奮鬥，並且批判殖民主義並未遠去，當今掠奪經濟和侵占市場的「新」殖民行為其實一脈相承於十六世紀以來的發展。換言之，我們不要讓「資本主義」或「全球化」給迷惑了，骨子裡，很高的成分仍然是殖民主義。

「問題」是引發思考的良方

本書是以一連串的問答形式層層探究「殖民主義」。這樣的書寫可以避開繁複細膩的分析，適合學生讀者閱讀，而「問題」（questions）呈現則提供簡要的聚焦來探究「殖民主義」這等沉重複雜議題，尤其在閱讀中，這些問題可以有效引發思考，避免囫圇吞棗、不求甚解。

值得注意的是，書中幾乎所有的問題都不是以「為什麼」（why）發問，而是以what、who、when、where、how進行質疑、追問。以why來發問，例如「為什麼會出現殖民主義？」、「為什麼法國人要向外殖民？」、「為什麼越南人要反抗法國的殖民？」等，問題通常都很大、過於發散，可分析探究的面向太廣，並不適合思考及討論，但如果轉變為what等形式的問題，例如「與十六世紀開始的那個殖民時代相比，十九世紀的第二個殖民時代有何特殊之處？」、「那麼法國呢？它在何時投身殖民的探險之旅？」、「歐洲人打算將這種經濟、政治和文化的支配體系強加於何處？」、「什麼原因致使殖民地的抗議行為在某一時間點轉變成解放運動？」等，問題就比較能夠收斂、聚焦，有助於在問答之間開啟對話，引發思考。本書的問答形式，是一個很好的學思示範。

探究殖民議題的意義

當今世界該探究的議題很多，人類文明發展所面臨的挑戰相當繁重，特別挑「殖民主義」出來討論，用意是什麼？（請注意，上述發問與「為什麼要探討殖民主義？」的差別）

推敲費侯的想法，應該是「今日殖民主義仍方興未艾」，這個現實的關切帶領著他回顧殖民歷史，重新發現殖民者、殖民母國、被殖民者、殖民地精英的細緻差異和繁複關係，洞察不同殖民地演變的類型、機會與教訓，探究現代化、西化、在地化之間的糾葛等，於是，亞非「前殖民地」獨立以來的政治、經濟、社會處境，冷戰結束之後美國的擴張、中國的壯大、伊斯蘭主義的發展等，便有了比較清晰地理解與批判的視野。

這樣的殖民議題，以及如此探究的方式，對台灣有何意義呢？我們要同意費佚的用意及觀點嗎？同意或不同意的理由是什麼？這樣思考是否太耗時傷神了呀？還是我們繼續直白地對嗆比較痛快……

身處微妙複雜地緣政治中的台灣，需要什麼樣的公民，以及公民教育呢？

淺談殖民之

在這本書中，我們主要處理的是歷史傳統所理解的歐洲殖民主義，也就是說，它在十六世紀至二十世紀間於海外施行的殖民政策，而且至今大家對它依然記憶猶新的政策。我們將讀到該政策如何產生新的社會（只有日本沒有產生這種社會，而且這種社會未必今天全都留存下來）。

我們會將歐洲的殖民主義與俄羅斯帝國的情況進行比較，因為在後面這種情況中，殖民問題和國族問題可能相互影響或者是混淆。在帝國主義的時代中，宗主國在海外的統治可能不須透過移民者加以落實。這就是美國的情況，我們也會加以著墨。

1

為何有殖民地？

- 什麼是「殖民」，又該如何定義呢？
- 殖民就是一群人占領遙遠的外國土地，並且開發耕作該片土地，並在其上安置所謂的「殖民者」。幾個世紀以來，這一現象由歐洲人加以體現。他們支配世界各地的開發型殖民地，以及可容納數量可觀之母國人口的定居型殖民地。

從十六世紀開始，歐洲人便在美洲、亞洲和非洲定居。殖民帝國是基於經濟因素建立起來的。它同時奠基在奴隸制度以及土地資源開發之上，這種經濟型態即為它的特徵。

到了十九世紀下半葉，歐洲出現新的殖民浪潮，即是所謂「帝國主義時代」。這確立了歐洲列強在世界大部分地區的統治地位，同時確定了他們自稱優越文明的地位。

- 與十六世紀開始的那個殖民時代相比，十九世紀的第二個殖民時代有何特殊之處？
- 從那時候開始，殖民政策變成一種明確的政治意志的反映，每個工業國家都想方設法確保自己的統治區域，或者至少發揮其影響力。此外，它們不再把宣教傳福音視為主要職志，而是化身為進步的象徵，要將文明引進被認為不那麼先進的社會裡。最後，第二波的殖民浪潮擁有歷史前所未見的財政、軍事和人力資源，徹底改變了殖民母國與殖民地之間的關係，也改變了殖民者與被殖民者的關係，因為強迫勞動如今已成為被殖民者的常態了。

因此，帝國主義時代的特點是西方列強在政治、文化和經濟上的控制，這種控制使他們得以瓜分世界，並且藉由壓迫手段來控制原住民。此種統治自有一套被稱為「殖民主義」的政治學說為其撐腰。

不過，對於從十六至二十世紀一直被殖民的社會（例如印度、安哥拉、西印度群島），狹義的殖民事業以及帝國主義等兩種現象可能無法分割開來：甚至到了獨立之時，它們對昔日母國的依賴都還無法停止。

• 殖民事業這種世界現象開始於十六世紀，那麼在此之前是否也有「殖民地」和「殖民者」？

• 當然有。雖然「殖民」（colonisation）一詞直到十八世紀末才出現，但是殖民的歷史卻十分久遠。在這年代之前，歐洲人占據海外領土的行為都被稱為「征服」

（conquest）。

在西方世界中，集居在今日黎巴嫩海岸的腓尼基人早在公元前九百年便開始控制地中海。他們為了經商而設立據點，其中最著名的當推建立於公元前八一四年的迦太基（位於今天的突尼斯附近）。接著進入希臘人殖民統治的時代，他們創立了永久地定居點（也就是「殖民地」），而這非常有助於希臘文明的傳播。那些定居點遍布於地中海地區，最遠達到馬薩利亞（今天法國的馬賽），那是小亞細亞福西亞（Phocée）地區的希臘人於公元前六百年左右建立的。

在亞歷山大大帝時期，這種殖民事業以領土擴張的形式重新啟動。在公元前三二五年左右，他將帝國從埃及擴展到了印度河流域。但是一等到他過世，這個帝國就崩潰了，接著由各「繼業者」（爭奪繼承亞歷山大帝位的各統帥）瓜分並統治帝國的領地，直到羅馬人征服地中海地區為止。將基督教定為國教的羅馬帝國在西元前四七六年分裂，東方部分（拜占庭帝國）成為希臘文明的保護者，而西方部分則落入所謂「野蠻人」的手中。

第七世紀，阿拉伯人開始向外征討，其範圍向西到達地中海西部的西班牙和高盧，向北到達高加索地區，向東到達印度，包括波斯、中亞和蘇門答臘北部（今天的亞齊）。這個帝國特別因為土耳其人從十一世紀開始入侵而分裂。在舊世界的東部地區，印度文明在十一至十二世紀間被伊斯蘭教掩蓋前乃是由佛教僧侶體現其內涵的，而且他們的影響力也在緬甸、馬來西亞以及巽他群島（Sunda Islands）的西部留下印記。他們另外還殖民了西藏。在十八世紀中國的滿族皇帝對西藏實行宗主權之前，西藏的社群即已分裂。中國還在非洲東海岸的莫三比克進行小規模的殖民，但在十五世紀時突然停止了那些海洋事業。

當歐洲人開始征服他們日後所謂的「新世界」，同時造成第一次全球化的現象時，舊世界是由四個帝國所統治：地中海周邊、安納托利亞和巴爾幹半島的鄂圖曼帝國、波斯的薩法維帝國、印度的蒙兀兒帝國，以及廣大的中華帝國。

- **所以我們這裡介紹的歷史開始於十六世紀？那時發生了什麼事？**
- 這個殖民事業的開端往往從十九世紀以後被稱為「大發現」（「發現」一詞僅對登陸不明地區的歐洲人而言方才為真）。實際上，歐洲這種殖民事業在十六世紀以前就開始了。早在一四七一年，葡萄牙的國王即併吞幾內亞灣的聖多美普林西比，這就是殖民時代的第一個殖民地。

然後在十五、十六世紀之交，大規模的遠征行動正式揭開序幕：為西班牙國王效勞的熱那亞人克里斯多福・哥倫布（Christophe Colomb）於一四九二年「發現」了美洲，而葡萄牙的瓦斯科・達伽馬（Vasco de Gama）也在一四九八年「發現」了印度。在這兩個事件中，遠征行動的目的既是在於找出香料之路、攫取亞洲財富，同時也在於向當地的居民傳播福音。殖民行動呼應了葡萄牙和西班牙的商業以及宗教目的。黃金與基督……

- **因此葡萄牙人是這波探險行動中的先鋒。為什麼是他們？**
- 葡萄牙與西班牙境內的小王國一樣，都是在十二至十三世紀間征服穆斯林的「收復失地運動」中建立起來的政權。它的東邊被強大的卡斯提爾（Castile）王國擋住去路，因此國王若昂一世（一三八五至一四三三年在位）決定該國未來必須轉向海洋，並且著手將一個以農民和牧人為主的國家變成一個生意人和航海者的國家。恩里克王子[1]將精力全部傾注在船舶和探險的事業上。國王本人則向摩洛哥海岸以及更遠地區積極擴張。此外，指南針的發明、波特蘭海圖[2]（今日地圖的雛型）的使用以及方向舵的完善都有助於航海事業的開展。里斯本和波多（Porto）

等城市都對改進這些一部分源自阿拉伯世界的新技術做出貢獻。國王派出的特使開始探索非洲海岸，希望尋找進入印度和中國的通道，以避開被鄂圖曼帝國勢力控制的地中海地區。葡萄牙人於一四八七年抵達了好望角，因為此舉打開了通往印度之路的美好前景，故以「好望」命名那個新發現的地點。

- **這些航海探險旨在發現新的貿易通路，而不是殖民海外的土地……**
- 當然。但是從那個時代開始，葡萄牙人和非洲人之間的接觸方式就已反映日後征服和統治的機制。非洲的口頭傳統記錄了安哥拉黑人與航海者的第一次接觸。此一傳統揭示了納坦．瓦須特爾（Nathan Wachtel）所稱的《被征服者的觀點》[3]（*La Vision des vaincus*）：

1 譯注：恩里克王子（Infante D. Henrique, 1394-1460），若昂一世的第三子。恩里克王子並非王儲，其影響力來自在葡萄牙西南部的一個城鎮薩格里什（Sagres）建立全世界首間航海學校、天文台、圖書館、港口及船廠，為葡萄牙日後海上霸主的地位奠下基石。

2 譯注：波特蘭海圖（portolan chart）為寫實描繪港口和海岸線的航海圖。義大利、西班牙、葡萄牙等國自十三世紀開始製作這種航海圖。

3 作者注：除非另有說明，否則本文中提到的著作都會在參考書目中說明。

我們祖先愜意地住在盧阿拉巴（Lualaba）平原。他們擁有牛隻以及莊稼。他們擁有鹽沼和香蕉樹。突然，他們看到海上來了一艘大船。這艘船的翅膀全都是白色的，像刀子一樣閃閃發光。白皮膚的人從海上登陸，說了一些讓人聽不懂的話。

我們祖先受到驚嚇，直說他們是「溫比斯」（Vumbis），也就是回到人間的陰魂。我們祖先用箭將他們趕回了海邊。但溫比斯發出雷鳴般的吼聲並吐出火。許多人都丟了性命。我們祖先只能逃走。根據權威人士和占卜師判斷，那些溫比斯是先前占據這片土地的人。我們祖先因此退縮，害怕烏侖固（Ulungu）船再度來犯。

船又回來。白人索討雞和雞蛋，回報布料和珍珠。

從那時代直到現在，除了戰爭苦難、玉米、木薯及其栽培方式之外，白人沒有帶給我們其他任何東西。

葡萄牙人「發現」黑人，看到他們坐在地上吃東西、住在茅草房裡等等，立即產生了優越感。看到這種貧困的景象，他們沒有興趣滲透或是占領其內陸的腹地。他們必須到印度去。最後，達伽馬終於在一四九八年在加爾各答拋下船錨。

當年印度由各蘇丹統治，北部是穆斯林蘇丹，南部是印度教蘇丹，他們與南洋群島和中國的商業往來十分頻繁。和他們的財富相比，葡萄牙商人送出的「禮物」就相形失色了……

• 那麼，葡萄牙商人對印度的態度如何？

• 透過印度歷史學家尚傑．蘇布拉曼楊（Sanjay Subrahmanyam）的「反歷史」（anti-history）研究（也就是從那些被「發現」的人的角度重建歷史），如今我們相當了解那時葡萄牙人的態度。下面是一首寫成於十五世紀七〇年代之阿拉伯文詩歌的翻譯，內容講述達伽馬的第一次到訪：

> 那個歐洲人打扮成商人的模樣來到馬拉巴爾（Malabar）[4]，但是他的目的在於使壞、欺騙，意在為自己保留所有的胡椒與生薑，並且只把椰子留給別人。

4 編注：位於印度半島西南沿海的一個地區。

> 在世人選出之先知移居麥地那後的九百零三年，那個歐洲人帶了一些禮物來獻給蘇丹，並且要求成為他的一位子民，又承諾將幫助國家繁榮昌盛，打擊國家的敵人和叛徒。和其他人相比，那個歐洲人更獲蘇丹的青睞。蘇丹的臣民警告道：「那個歐洲人將毀滅我國」，但蘇丹卻置若罔聞。現在，他們的話已經證實為真，因為起初那個歐洲人雖然像奴隸一般順從，但是後來，他藉助武力崛起了，並且征服了印地（Hind）和信德（Sind）[5]，影響甚至遠達中國：以上陳述皆屬實情[6]。

這首詩還描述了葡萄牙人如何拆毀清真寺、焚毀城市，以及奴役紅海沿岸、斯里蘭卡和非洲東岸的人民。他們以征服者姿態來到該地，這和賈梅士（Luis de Camoens）在《盧濟塔尼亞人之歌》（*Les Lusiades*, 1572）[7]這本從古吉拉特邦（Gujarat）[8]風靡到歐洲的詩集中所頌揚的達伽馬形象大異其趣。

十六世紀時，印度洋變成葡萄牙的一座「湖」，從莫三比克通過葉門附近的索科特拉群島（Socotra）[9]到婆羅洲都被該國控制了。葡萄牙人在印度（從第烏〔Diu〕到可倫坡）、印度尼西亞以及中國的澳門設立據點，數目竟超過二十個！

• 問：葡萄牙是十六世紀世界最強的殖民國家嗎？

• 答：不，十六世紀最強大的殖民國是西班牙。歷史學家羅培茲·德·戈馬拉（Lopez de Gomara）在一五五〇年描述了這一點：

我們西班牙人在六十年的征服過程中發現不少地區，也跑遍了不少地區，並令當地許多人民改信天主。史上不曾有任何國王和國家在如此短的時間內掌控如此多的事物，史上也不曾有哪一國的人民像我國人民藉著動武、航海、傳播福音，以及令偶像崇拜者改宗等方式做出如此多的貢獻，並像它們這般值得讚揚。天主賜給西班牙人這種恩典以及能力。讚美天主。

5 編注：印地信德為位於巴基斯坦東南部的一個省分。

6 作者注：*Mohammed ibn Abdul Aziz, Fath al-Mubin li al-Samiri allazi yuhibbu al-Muslimin.*

7 譯注：葡萄牙詩人賈梅士歷時三十年所撰之史詩，被譽為葡萄牙文學史上最優秀和最重要的作品。書中將第一個經海路抵達印度的歐洲人達伽馬做為詩中的英雄，述說葡萄牙直至十六世紀中期的歷史。

8 編注：印度最西部的一個邦，北部與巴基斯坦相接壤。

9 編注：位於非洲之角以東，阿拉伯海與亞丁灣的交接處。

當年，西班牙帝國的領土從美洲一直延伸到菲律賓馬尼拉。

早在一四九四年，也就是哥倫布出發探險的兩年後，葡萄牙和西班牙簽署了一項《托德西里亞斯條約》（*le traité de Tordesillas*），透過一條想像的分界線劃分兩國各自可以征服的土地。

但是到了一五八〇年，卡斯提爾以王位繼承的方式合併了葡萄牙，這就結束了葡萄牙在亞洲的殖民事業。卡斯提爾並無興趣保衛原先葡萄牙在印度洋的那些據點，因此荷蘭人就逐漸加以占據。葡萄牙人只保留在幾內亞、安哥拉、莫三比克以及帝汶島的東半部。此外，他們也出現在巴西。卡布拉爾（Cabral）[10]在前往印度的途中於一五〇〇年在此登陸，並於十七世紀開始開發那片土地。

身為一個海洋民族，荷蘭人的財富（阿姆斯特丹銀行即其象徵）主要是建立在鯡魚燻製業上，以及能使他們以低到無法再低的價格建造船隻的節儉個性上。其海外事業發展的原動力並非像葡萄牙或西班牙那樣來自國家，而是來自彼此結盟或是彼此競爭的城市。尤其重要的是，葡萄牙人的失敗經驗讓荷蘭人學會了一件事：除非有殖民者移入，否則海外據點無法維持穩定。早在一六一九年，東印度公司的創始人楊・彼德森・科恩（Jan Pieterszoon Coen）即已招募荷蘭人前往雅加達（印度尼西亞）定居，此外還引進中國人、馬來人和菲律賓人。

・荷蘭人與原住民接觸的情況如何？

・侯曼・伯特杭德（Romain Bertrand）在論文《公平論歷史》（*Histoire à parts égales*）中回顧了荷蘭人與南洋群島各地區接觸的經過，這和他們到處高奏凱歌的勝利形象是大有出入的。考內利斯・德・豪特曼（Cornelis de Houtman）船隊那四艘重度武裝的船在海上航行了十五個月，而當初於一五九五年從荷蘭特塞爾（Texel）島登船的二百五十名船員中，已有幾十人因為壞血症而死亡或是生病。令他們驚訝的是，在萬丹（Banten）[11]港上岸的時候，他們發現港口的設備竟與古老歐洲港口的設備一樣完善，而且基於會面儀節所需，他們不得不假冒為某位偉大國王派遣的使節。但是爪哇人不久後便發現豪特曼和他的部下都僅是水手而已。

事實上，豪特曼的荷蘭部下和爪哇人之間談不上真正的接觸，因為爪哇的貴

10 編注：佩德羅・阿爾瓦雷斯・卡布拉爾（Pedro Álvares Cabral），葡萄牙航海家、探險家，普遍被認為是最早到達巴西的歐洲人。

11 編注：印度尼西亞的一省，位於爪哇島最西部。

族菁英與這些商人根本沒有任何交集。他們必須求助葡萄牙人或是中國商人以便了解當地的度量衡以及貨幣等情況，就連航行過程如何駕馭風勢亦須仰仗對方指點。他們迷失在這片天地中，既然不了解其中的運作模式，他們唯一能派上用場的只剩下暴力了。他們最終占領了這片土地，但是卻姿態狼狽地回到家鄉。當年出發的水手如今只剩九十個病弱的人。當然，他們已經奪取了葡萄牙人留下的東西，然而此次與爪哇人的接觸對於爪哇的影響只能說是微不足道。

- 西班牙在美洲的殖民事業是如何開始的？
- 關於這件事，哥倫布必然是我們的第一個見證人。他為西班牙人和印第安人的接觸留下一篇精彩但帶有批判眼光的描述：「這位國王和他的臣民都赤身裸體地來去，就像剛出娘胎那樣，他們的妻子同樣沒有任何尷尬的表情。他們都像加那利群島（Canary Islands）[12]的居民，既不是黑人也不是白人。」這種特質令哥倫布大感訝異，不過事實上令他更訝異的是印第安人既沒有財產的觀念，也沒有物品價值的觀念：「他們會拿自己所擁有的一切來交換別人所提供的小玩意，甚至也接受碗或玻璃的碎片。」但是如果有誰犯偷竊罪，哥倫布便令人割去他的鼻子或是耳朵。這些善良野人都變成盜賊了……

哥倫布判斷道：「他們相信基督徒都是從天上來的，卡斯提爾王國就在天上。」說穿了這其實是哥倫布將自己的想法嫁接到印第安人的身上罷了。根據他的說法，有個印第安人向自己的國王稟報：「西班牙人來自天堂，正在尋覓黃金。」可是哥倫布又不懂印第安的語言，如何知道他們在說什麼？他會如此相信，那是因為他真的這樣做：他帶來了宗教信仰，然後帶走黃金做為交換……

- 西班牙人從一開始就使用暴力嗎？
- 哲學家兼評論家茨維坦·托多洛夫（Tzvetan Todorov）曾研究過那些以征服者自居的探險者所寫出的文本。他向我們說明殖民行為的基本特徵如何一開始就已經存在，已粗具規模了。我們發現在這種關係中存在不平等的交換以及性暴力，同時反映殖民者對異族的看法，有時想將對方同化為另一個自我（將他們變成基督徒），有時想將對方當作奴隸。這類接觸會對「被發現的」人造成心靈的創傷。

12 編注：位於摩洛哥西南方大西洋上的一個群島，現為西班牙的自治區之一。

對加勒比海地區印第安人的侵擾從一四九五年開始便在伊斯帕尼奧拉（〔Hispaniola〕海地）發生了。那是出自「對性的該死飢渴」與「對黃金的該死欲求」。印第安人因為處決、強迫勞動以及疾病（痲疹、流感、天花，而歐洲人則從該地感染梅毒）而遭滅絕。從舊大陸傳去的疾病導致印第安人大量死亡。在不到半世紀的時間裡，在加勒比海地區，只有多明尼加還見得到印第安人。在古老的印加王國，受害者數以百萬計。至於被劫掠的財富……數百萬公斤的貴金屬被運往塞維亞（Seville）：一五五〇至一五六〇年間，超過四萬二千公斤黃金，一五九〇至一六六〇年間超過七百五十萬公斤白銀……更不用說被霸占的土地了。

- **那麼基督教呢？殖民者難道不是將福音傳遍全世界嗎？**
- 當然，這是他們一心想做的事，並且有將近一萬三千名傳教士致力於該項事業。耶穌會士也盡力保護印第安的人口，使其免受征服者的迫害。從十六世紀中葉起，這些耶穌會士因為把印第安人集中在巴拉圭的保護區（即所謂的「原住民村落」〔reducciones〕）內，讓他們具備自我防禦的能力，結果激怒了征服者。最後，征服者在王室的幫助下將耶穌會士逐出了美洲。

在亞洲，基督教不同的修會彼此爭論傳播福音應該遵循的方法：耶穌會士比起道明會士或是方濟會士[13]更能容忍起源於中國的儀式。傳教士在中國或多或少都受到了迫害。耶穌會著名的傳教士方濟・沙勿略（Francisco Xavier）雖然在日本贏得了人心，但是當地的領導者們卻認為傳教的最終目標必然在改變該國政權的性質。耶穌會士於一六一四年被逐出日本。

美洲的西班牙殖民者由於印第安人的抵抗以及耶穌會的保護行動，因此轉向非洲引進奴隸。

- 正如上文交代過的，美洲的耶穌會士同時將宣教和保護印第安人視為自己的使命。西班牙王室本身雖打算令印第安人改宗基督教，但是不同意征服者讓他們淪為奴隸。因此，西班牙人對於移居美洲工作一事完全失去興趣。葡萄牙人對巴西的態度亦復如此。因此，只剩從非洲進口奴隸這一途了。他們在金礦礦場或是甘
- **這怎麼可能呢？**

13 編注：道明會與方濟會均是天主教托缽修會的一個派別，道明會士披黑色斗篷，被稱為「黑衣修士」，方濟會士則著一身灰袍。

蔗種植園裡工作，將這些地區轉變為產業經營型的殖民地。從一四四四年開始，葡萄牙人即成為西方世界第一批從非洲拉各斯（Lagos）販運奴隸的人。他們在聖多美（Sao Tomé）設立一個販運據點，人力則由剛果地區供應。

在接下來的幾個世紀中，從剛果以及盧安達來的俘虜被直接送往美洲，輸出的非洲人很快地每年便達六千之譜。在新大陸，他們主要被送往種植園（主要的作物是甘蔗）工作。在歐洲、非洲和美洲之間便形成了一個貿易三角，廉價貨物、奴隸和殖民地的產品便從一個大陸流向另一個大陸：

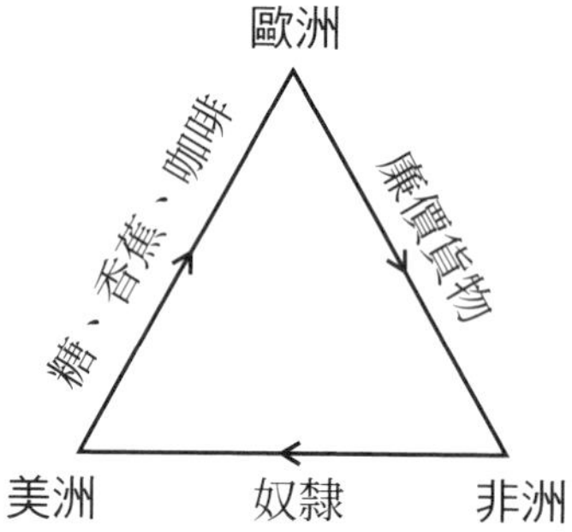

大西洋的這種三邊貿易從十六世紀持續到十九世紀中期，時間跨度長達三個多世紀，促成了美洲殖民地土地的開發利用。

二〇〇一年五月十日，應當時法屬圭亞那籍國會議員克里斯蒂安．陶比拉（Christiane Taubira）的要求，法國國會通過一項法律，承認上述的大西洋貿易和奴隸制度是危害人類罪。

- **總共有多少非洲人淪為大西洋奴隸貿易的受害者？**
- 根據歷史學家奧利維耶．葛荷努約（Olivier Grenouilleau）估計，大西洋奴隸販運的受害人數高達一千一百萬。但是就像阿拉伯的奴隸販運一樣，如果非洲當地的奴隸販運沒有預先做好準備，它也不可能如此迅速地達到那種規模。擠在船艙底部被販運到美洲的奴隸十分之九來自非洲本地奴隸販子手中的「存貨」。

為使販運過程更加有利可圖，一艘船裡通常塞進四百至五百名俘虜。由於疾病以及不人道的對待，旅程之中死去很多人。在一七九五至一八一一年間，被運往里約熱內盧的非洲人有近百分之十死在海上。不過，奴隸販子似乎也會注意確保其「貨品」抵岸時「賣相」不致太差，以圖賣個好價。美國歷史學家馬庫斯．

雷迪克（Marcus Rediker）即重建了那些旅程令人驚駭的狀況。

- **抵達美洲之後，奴隸的前途又如何呢？**

- 「新到黑人」由於旅途過程飽受創傷，因此一抵達加勒比海地區、圭亞那或巴西，他們便想辦法脫逃。如果被人逮住，他們就會毀傷肢體或是自縊而死。馬朗尚（Malenchant）在出版於一八一四年的《聖多明哥歷史》（*Histoire de Saint Domingue*）中描述：「僅在聖文森的一處住所中，即有三十個人上吊自殺。」

　　不過仍有許多人成功逃脫了：這些俗稱為「栗子」（marron）的脫逃黑人如果是在圭亞那，會比在島嶼地區（多明尼加例外，因為它的面積夠大）容易找到避難處所。西班牙對島嶼的控制不若法國或是英國那樣嚴密，因此西屬島嶼也可以為他們提供庇護。對奴隸制度的抵抗方式主要是自殺、自殘和逃亡。

　　分配在種植場工作、占奴隸絕大多數的「鋤頭黑人」和按日計酬並且擁有一點自由的「才能黑人」之間，差距很快拉開來了。後者渴望獲得解放。因此，大約到了一七八〇年左右，在瓜德洛普島（Guadeloupe）[14]近九萬名黑人（當時該島總人口數超過十萬）中便有三千名自由黑人，不過他們仍屬少數族群。自由黑人在聖多明哥和馬提尼克島（Martinique）的比例較高，他們有些甚至蓄有奴隸。

- **殖民的目的僅限於「黃金與基督」這兩項嗎？**
- 不是。以俄羅斯人的情況為例，他們出發征服新領土（即使這種擴張只局限於大陸，我們仍不妨稱之為「殖民」）的目的即在增加納稅人口的數量。

早在十二世紀，諾夫哥羅德城（Novgorod）便派殖民者到西伯利亞西部以便取得皮草。十三世紀韃靼人入侵時，為這一波殖民事業劃下句點。後來，在恐怖伊凡（即伊凡四世〔Ivan le Terrible, 1530-1584〕）統治的時候，第二波東向的殖民行為再度啟動。沙皇在一五五八年為殖民事業辯護道：

> 朕，伊凡．瓦西里耶維奇，沙皇暨全俄羅斯的君主，於一五五八年四月四日接獲格列戈里．斯特羅加諾夫（Grigory Stroganov）之請願書謂：我國大彼爾姆（Perm）卡馬河（Kama River）上游地區……至今人跡罕至，亦無稅收繳入朕

14 編注：瓜德羅普位於東加勒比海上，一六七四年成為法國領地的一部分。

之國庫……，且該地區尚未賜與任何臣下……，他願於該地區建立新城，開墾土地、實施耕作，召集人員尋找鹽礦。朕同意將此領土託付予他。

數年之後，面積廣達六百萬平方公里的整個西伯利亞地區（相較之下，法國面積僅有五十五萬一千平方公里……）即收進俄羅斯的版圖。從此之後，東向的殖民行動穩步地推進。雅庫茨克（Yakutsk）於一六三二年建立，時間早於加拿大的蒙特婁。又過七年，俄羅斯人已到達太平洋的堪察加半島（Kamchatka）。他們在下一步經略千島群島的時候，便遭遇了日本殖民北海道的勢力。

- **那麼，法國是在何時投身殖民的探險之旅？**
- 法國在十六世紀時，並不像西班牙和葡萄牙那樣具備殖民政策。法蘭索瓦一世（*François Ier*，一五一五到一五四七年在位）在一五三五年開始推行殖民事業，鼓勵雅克・卡蒂亞（Jacques Cartier）探索聖勞倫斯河（Saint Lawrence River）[15] 的源頭，並且支持在大西洋發展漁業。

然而，當羅馬教皇援引西班牙和葡萄牙於一四九四年簽訂的《托德西里亞斯條約》，認定法國的殖民行為是違法之舉時，法蘭索瓦一世便抗議道：「太陽為其他人照耀，但也為朕照耀。朕倒希望看看亞當的遺囑是否真將朕排除在分享世界領土的權利之外。」因此，強權之間的競爭喚起了法國對遙遠地區探險的興趣。對於法蘭索瓦一世來說，這是一個能阻止西班牙壟斷整片新大陸的辦法，接著，在他的繼任者看來，此舉則是減緩英格蘭進步的手段。

十七和十八世紀，法國因此在加拿大創建了殖民據點「新法蘭西」，但最感興趣的點仍集中在加勒比海產糖的島嶼，並在一六二五年以小安地列斯群島的聖克里斯多福島為根據地，出發將其占領。在黎胥留（Richelieu）首相主政的年代，魁北克市的人口幾乎還不到一百人，到了法國大革命時期，馬提尼克島和瓜德洛普島都已大約各有一萬名殖民者，而在聖多明哥，黑人奴隸的人數則高達六至七萬。

法國對於亞洲及其所擁有的財富興趣更大。法國與荷蘭、英格蘭在該地展開商業以及金融方面的競爭，結果促成法國在一六四四年創辦法國東印度公司以及

15 編注：位於加拿大和美國境內的河流。

法國西印度公司。但是，一六六九年在印度洋的荷蘭人奪取了一支由九艘武裝船隻組成的法國艦隊以及其上配備的二千五百名兵員。一六七四年，法國占領印度半島上的朋迪榭里（Pondicherry），洗刷了幾年前所蒙受的屈辱。

- **還有英國人，他們殖民的目標是什麼？**
- 十六世紀時，英國人只對打開本國紡織品的輸出通路一事感到興趣；此外，他們也像伊比利半島的統治者一樣，想尋找取得黃金和香料的最佳途徑。他們試圖從西北方向打開通路的計畫終告失敗，因為當他們抵達加拿大的拉布拉多（Labrador）時，根本沒有發現黃金或是香料。不過東北方向的嘗試卻有收穫，因為波羅的海的通路使他們得以和俄羅斯建立關係，然後沿著窩瓦河（Volga River）進入裏海，接著再從波斯通往印度。

伊莉莎白一世（一五五八至一六〇三年在位）時代的一切都在變化。她的航海家寵臣華特・雷利（Walter Raleigh）儼然成為海洋帝國主義的理論家：「誰控制了海洋，誰就控制了貿易；誰控制了世界貿易，誰就控制了世界的財富，最後也就控制了世界本身。」

伊莉莎白一世最初資助海盜攻擊西班牙的海外資產及其船隊。但是，探險家漢弗萊·吉爾伯特（Humphrey Gilbert）很快便加進一個新的構想：「派遣英國的殖民者，前往尚未遭任何基督教君主或人民占領的異教徒或野蠻人的國度定居。」因此，英國的殖民事業從一開始便具有雙重特徵：建立有殖民者定居的基地據點，以及傳播福音的使命。從那時起，英國便開始擴大其在印度的影響力。這影響力主要是商業上的，就像法國的影響力那樣。但是當法國總督杜柏雷（Dupleix）想要在德干高原上建立一個保護國時，衝突便發生。他在和克萊夫[16]較勁的過程中失敗了，因為後者知道更有效地「以公司的名義，而不是以政府頭銜」辦事，這樣並不妨礙他於一七五七年在普拉西（Plassey）打敗蒙兀兒帝國的孟加拉總督。凡爾賽決定在一七五四年召回杜柏雷。

英國在今天美國這地區的殖民事業實際上始於十七世紀初，也就是在詹姆士一世在位的時期（一六〇三至一六二五）。殖民者從一六〇七年起便沿著大西洋建立殖民地，到了一七三二年，那些殖民地總數已達十三個，皆由倫敦統治。

16 譯注：羅伯特·克萊夫（Robert Clive, 1725-1774），又稱印度的克萊夫。英國軍人、政治家，為不列顛東印度公司在孟加拉建立起軍事、政治霸權，英屬印度殖民地建立過程中的早期關鍵人物。

儘管在七年戰爭（一七五六至一七六三）期間英國占領了魁北克和蒙特婁，然後又取得佛羅里達、牙買加和托貝哥，但由於這些地方信仰天主教之人口的敵視，此一原本純粹為盎格魯－撒克遜人口和新教信仰的帝國便被削弱了。尤為重要的是，英國在十八世紀末面臨了今天美國各殖民地的獨立願望。

沒有哪件事會比一七八三年美國的獨立能對英國造成更大衝擊的了，而法國派出拉法葉（La Fayette）將軍參戰，算為自己報了一箭之仇。

2

殖民者的獨立運動

• 所以，第一批殖民地的獨立運動是由美國的殖民者所發起的？

• 完全正確。這就是我所說的「殖民者獨立」(indépendance-colon)運動。來到北美定居的人再也無法忍受英國所施加的種種限制（稅收、禁止工業化等）。更有甚者，他們已被重稅壓得喘不過氣，然而母國在徵稅的問題上卻不再詢問他們的意見。此外，他們在倫敦的議會中也沒有任何代表。甚至在英國本土，也有像埃德蒙·伯克[1]這樣的人向自己的同胞提出警告：王室對殖民地的種種控制可能延伸到母國本土人民身上，並危害他們所享有的自由。因此，那些抗議行為既可以被視為獨立運動，也可以被看作革命的前兆。

一七七三年，美國人偽裝成印第安人將英國東印度公司運來的茶葉拋入海中，這是因其低廉價格將導致殖民者破產。這樁「波士頓茶葉事件」乃成為爆發反抗的導火線。

湯瑪斯·傑佛遜所撰寫的《美國獨立宣言》於一七七六年七月四日獲得投票通過：

> 因此，我們這些在大陸會議下集會的美利堅合眾國代表，以各殖民地善良

人民的名義，並經他們授權，向全世界最崇高的正義呼籲，說明我們的嚴正意向，同時鄭重宣布：這些聯合一致的殖民地從此是自由和獨立的國家，並且按其權利也必須是自由和獨立的國家，它們取消一切對英國王室效忠的義務，它們和大不列顛國家之間的一切政治關係從此全部斷絕，而且必須斷絕。

- **倫敦方面的反應如何？**
- 發動戰爭。然而，美國殖民者與英國國王之間的衝突代表了一個更深層的拒斥：前者不僅反對未經其同意就決定開徵的稅，而且主張自己能為自己立法，讓那統治者屈居於被統治者之下；換句話說，就是創造一種真正的民主。美國人受到盧梭、洛克和布雷克史東（Blackstone）的啟發，認為自己被賦予了共同的使命：他們是「以色列的繼承人」，是「新選民」。他們在一七八三年獲得獨立，這是邁向革命的第一步。

1 譯注：埃德蒙·伯克（Edmund Burke, 1729-1797），愛爾蘭裔的英國政治家、作家、哲學家，曾在英國下議院擔任數年輝格黨的議員。最為人所知的事蹟包括：反對英王喬治三世和英國政府、支持美國殖民地以及美國革命的立場，還有對法國大革命的批判。

在倫敦的君主和議會都知道要吸取教訓，這在歷史上是極罕見的例子。在十九世紀經濟繁榮的時期中，英國階段性地逐漸放鬆對白人居住之屬地的控制（加拿大、澳大利亞、紐西蘭），令其享有代議民主，甚至擁有自己議會。加拿大於一八六七年成為包括魁北克、安大略、新布藍茲維和新斯科細亞等四個省的第一個自治領。

- **自治領是否等同殖民地？**
- 加拿大以及一九〇〇年左右的澳大利亞和紐西蘭起先都只享有內部的自治權，況且此項權力還可能遭受總督否決權的限制。但是，這些自治領[2]很快地也開始享有對外的自治權。因此，一九〇七年，加拿大就在無須通過英國居間協調的情況下與德國簽署了一項商業條約。

這種自由可以更進一步擴展。一九一四年和一九三九年，南非不必聽命於母國指示便直接向德國宣戰。從那一刻起，英國君主成為自治領和倫敦之間唯一永久性的聯繫，而集合大英國協成員國的帝國會議只具備非正規和非官方的功能。各自治領的經濟利益已與母國脫鉤，不列顛的團結只有在面臨外來威脅的情況下才會發揮作用。邱吉爾在一九四二年將防禦重點放在印度而非澳大利亞，這意謂著後者已與母國切斷臍帶關係。

- **澳大利亞這個自治領的情況如何？**
- 澳大利亞植物學灣（Botany Bay）的苦役犯監獄創建於一七八六年。被流放於此的罪犯通常只是普通的小偷（其中一人只因為順手摸走一顆蘋果就被送來這裡），而他們便成為第一批定居該島的人。發展這片領土的工作不應該仰賴當地的原住民（因為已經變得「無用」），而應該仰賴他們。但是他們一抓住機會便逃跑！愛德華・吉本・韋克菲爾德[3]於是說服英國和澳大利亞當局以低廉價格提供土地給自由的定居者，且將此舉視為獎勵而非懲罰。從那時起，罪犯的命運獲得了改善。被派遣到澳大利亞負責監督他們的軍人由於必須遵守老式的紀律，因此難免發出

2　編注：自治領（Dominion）為大英帝國殖民地制度下的一種特殊國家體制，殖民地邁向獨立的最後一步。

3　譯注：愛德華・吉本・韋克菲爾德（Edward Gibbon Wakefield, 1796-1862），被認為是南澳大利亞和紐西蘭早期殖民事業的關鍵人物，並享有傑出的政治生涯。

「在澳大利亞當罪犯真好」的喟嘆。囚犯甚至在當地成立家庭，對象是人數眾多的女性「輕罪犯」。

罪犯的後代起初也一直被視為罪犯，最終他們以英國人應享有的自由為名義請求母國司法體系的支持以反抗王室當局。這就是為什麼在澳大利亞，法律語言已成為政治語言，而且司法機關的地位高於行政和立法機關。

- **拉丁美洲也受到殖民者獨立運動的影響？**
- 西班牙在美洲的殖民者從十八世紀後期開始，也希望從母國的控制中解放出來。他們知道如何避開王室的法律，而「我服從但是不執行」（Obedezco pero no cumplo）成為此一解放運動的座右銘。該運動起源於一八〇六年英國艦隊占領布宜諾斯艾利斯的時空背景：當時西班牙軍隊對英國人的行動莫可奈何，最後賴殖民者的民兵才結束此事。

克里奧爾人（定居在殖民地的西班牙人及其後裔）認定母國西班牙對他們進行殖民。自卡洛斯三世（Carlos III，一七五九至一七八八年在位）的時代以來，西班牙政府的控制愈來愈強，對於大西洋彼岸施加一套既沉重又有效的稅收制度。受到啟蒙運動開導的克里奧爾人於是開始與奄奄一息的西班牙波旁王朝的專制主義進行鬥爭。然而從印第安人的立場看，他們自己則迎來了新的暴君：那些混血族群，尤其是克里奧爾人。

該運動開始於印第安人不再令人懼怕的地區，例如委內瑞拉、哥倫比亞（由一位膚色略黑的克里奧爾人西蒙・玻利瓦〔Simón Bolívar〕將軍主導）以及烏拉圭。一八二四年，祕魯的阿亞庫喬戰役（Battle of Ayacucho）標誌著獨立派人士的勝利。

在墨西哥，克里奧爾人奧古斯丁・伊圖爾維德（Agustín de Iturbide）[4]是獨立運動貢獻最大的人。他在一八二一年宣布了所謂的「三項保證計畫」：獨立、天主教信仰的統一，以及半島人[5]與克里奧爾人的平等。這是為了遏止印第安族群的復興。這種對抗一直持續到一九一一至一九一九年薩帕塔[6]與印第安人的鬥爭

4　編注：一八二二年宣布墨西哥第一帝國成立，稱奧古斯丁一世（Agustín I）。

5　譯注：指十六到十七世紀居住在拉丁美洲和菲律賓的西班牙人。在西班牙帝國中，他們地位最高，通常擔任殖民地總督、行政官員、教會首長，同時擁有大量地產。但在拿破崙戰爭時與母國關係斷絕後，各地的半島人和克里奧爾人也開始發起獨立運動。

6　譯注：薩帕塔（Emiliano Zapata Salazar, 1879-1919），墨西哥革命領袖、墨西哥南方解放軍領導人，一九一九年遭伏擊身亡。

為止。

巴西也於一八二二年開始發生殖民者獨立運動。

該運動是一種非常普遍的去殖民化方式，但是世人往往忽略了它。除了上述各例之外還可加上羅德西亞：僑居的殖民者於一九六五年片面宣布獨立，但是他們並沒有改變原住民的處境，於是輪到黑人起義將他們逐出該國，在一九八〇年建立辛巴威共和國。

- 殖民者獨立運動對前殖民地的原住民人口有何影響？
- 衝擊很大。在美國，印第安人被視為推行殖民化的障礙，因此被以某些方式消滅。總體而言，北美的印第安人口從殖民者初至時的七、八百萬人，降至一九〇〇年的三十七萬五千人。這些逃過流行病或屠殺而存活下來的人都被趕到隔絕的保護區裡。至於那些輸入美國從事勞動的黑人則要到南北戰爭（一八六一至一八六五）之後，才擺脫奴隸的身分，不過他們的命運還要等到一九五〇年代才開始發生改變。

到了一九六九年，印第安人效法黑人運動逐步解放自己的做法，從阿爾卡特拉斯島[7]發出呼籲。這是一段極精彩的文字：

敬告白人領袖及其所有人民，我們這些美國原住民以美國印第安人的名義要求收回所謂阿爾卡特拉斯島的土地，因為這座島最早是我們發現的。我們……提出如下合約：我們支付二十四美元等值的玻璃器皿與紅棉布購買所謂的阿爾卡特拉斯島，這是根據大約三百年前白人購買一座類似島嶼所定下的合約價碼。……我們提供這座島的部分土地供居民自用，……讓他們可以永久享受，而且只要陽光始終照耀、河流始終注入大海，他們即可一直享受下去。……

當世界各地船舶經過舊金山附近的金門時，大家第一眼就能看到印第安人的土地，進而憶起這個國家的真實歷史，這將是既公平又具象徵意義的事。

這份宣言以及美洲印第安人對該島的和平占領提醒了世界的輿論：美國的民

7　譯注：阿爾卡特拉斯島（Alcatraz Island）俗稱惡魔島，位於美國加州舊金山灣內，關押過不少重刑犯。一九六九年，一群美國原住民占領該島，抗議一些與印第安人相關的聯邦政策。

主運作仍然帶有嚴重的污點。這種民主的具體成果其實微不足道。

在加拿大，雖然印第安社區比在美國保存得好，但是因為「森林探險者」與「野人」的混血後代單獨構成了一個少數族群，因此印第安人被邊緣化了。最近幾十年來加拿大產生了身分認同運動，其成員確定自己隸屬於易洛魁族（Iroquois）、阿貝納基族（Abénaquis）、休倫族（Hurons），而不是加拿大人。

因此，一九七〇年代北美大陸出現對於過去對待印第安人的態度的悔恨。澳大利亞對於本國的原住民也有同樣的現象。

- **這份悔意在澳大利亞以什麼形式表現出來呢？**
- 前面提到，澳大利亞是個法律統轄一切的國家。這一點有利於原住民。一九九二年，該國最高法院廢止了「無主地」（terra nullius）的條文（根據理論，在英國人到來之前，該領土均屬無主地），並且落實「原住民土地權」（native title）的新理念。這一決定令人重新考慮許多土地的定位問題，在西澳大利亞州尤其如此。

西澳總理在一九九三年做出回應，提議以全民公投的方式決定土地復權的問題，然而原住民人口卻只佔該州人口不到百分之四……州政府所在地伯斯市聖公會的大主教表示：「州政府使用納粹的手段。」這種強調「民主」意志、無視對於平等原則與正當權利的行徑，難道不是極權主義的一項武器嗎？此即我們這個時代的一個問題。

3

帝國主義的挑戰

- **殖民者獨立運動之後，歐洲大國是否重新考慮其殖民政策？**
- 西班牙是受到殖民者獨立運動影響最大的殖民國家，在美洲失去了所有的領土：只保有古巴、波多黎各和菲律賓至一八九八年[1]。巴西也掙脫殖民地的身分，結果葡萄牙只保有非洲的殖民地以及帝汶島的東部地區。

在十九世紀初，一八一五年的維也納會議上，荷蘭失去了非洲的開普敦和印度洋的錫蘭，改由英國接管這些領土。而除了五個據點（朋迪榭里、開利開爾〔Karaikal〕、昌德那戈爾〔Chandernagor〕、亞南〔Yanaon〕以及馬埃〔Mahe〕）之外，法國不得不放棄在印度的其餘領土。法國也在一八〇三年將路易斯安那州賣給了美國，並於一七九一至一八〇四年聖多明哥的抗爭[2]之後，被迫放棄這顆「安地列斯群島的明珠」。

這是第一次由非殖民者後代所領導的獨立革命。從非洲輸入的奴隸以及他們的後代在杜桑·盧維杜爾（Toussaint Louverture）的領導下起義，既反抗殖民者又反抗母國法國。此一事件具有重要的歷史意義。到了十九世紀初，法蘭西殖民帝國只保有塞內加爾沿岸、加勒比海和印度洋的幾個小小據點。從一八三〇年開始，法國開始奪取阿爾及利亞，這件事我們將在下文另行說明。

在美國獨立後，英國並沒有放棄鞏固其海洋霸權的計畫。它從荷蘭手中奪取開普敦和錫蘭等兩處印度通路上的兩處據點之後，又於一八一九年與一八二四年先後占領新加坡與緬甸的一小部分（目的在於保護印度），最後在一八七〇年代占領非洲黃金海岸（即今日的迦納）。

但是，真正重大的變化發生在其他地方。英國是工業革命最成功的典範，而上述的重大變化正源自該革命所賦予英國的那股強大力量。如今英國需要原料和市場，有了市場，才能夠銷售其紡織和冶金工業的產品，此外龐大的顧客群對它而言也相當重要。這將是十九世紀下半葉英國恢復其殖民行動的原因。這一波新浪潮與工業資本主義的興起息息相關。繼「英國」殖民地而起的是「不列顛」帝國。

英國需要另一個美國，這將會是澳大利亞；至於另一個印度，則是以中國為目標。此外，它還需要另一個非洲，像供應安地列斯群島和未來美國的奴隸那樣。

1　編注：西班牙在一八九八年美西戰爭中吃下敗仗後，和美國簽屬《巴黎條約》，除放棄對古巴的主權、割讓波多黎各，並售出對菲律賓的主權。

2　編注：一七九一年，法屬聖多明哥爆發反對殖民統治的黑奴起義；一八〇四年宣布獨立，成立海地共和國。

殖民地大臣約瑟夫・張伯倫（Joseph Chamberlain）曾在十九世紀末清楚解釋了不列顛帝國新的殖民政策：

> 關鍵點是向英國市場提供原料、為英國的產品提供出路，並向英國海軍提供補給。

此一目標遠遠不會阻止大不列顛繼續取得新的領土，以便為其君臨天下的野心提供養分。不過，這份事業很快便開始有其他國家加入競爭。但是，當各國以市場以及工業產品（鋼鐵、鐵路、紡織廠、蒸汽機等等）著手征服世界時，英國政府仍然以站在後台的立場支持個人在前台的行動，首先是英國人，接著很快地，法國人、德國人、俄羅斯人和葡萄牙人都出現了。

- **經濟支配是否這就是這個新殖民時代的特徵？**
- 十九世紀末出現了一個經濟和政治的支配體系，而且是一個伴隨工業國家海外擴張的體系，亦即所謂的「帝國主義」。就像張伯倫一樣，法國的茹費理（Jules

Ferry）曾在一八八〇年代表示：殖民政策乃是工業政策名正言順的產物。新的殖民事業是打著自由貿易的名義進行的。對於法國來說，我們特別提出一點：一八七一年對普魯士戰事的失敗[3]以及亞爾薩斯－洛林的割讓等的恥辱需要抹去，所以第三共和國投入征服殖民地的政策即成為一種心理補償作用。

殖民事業從此也等於落實為世界帶來文明的使命。因此，做為啟蒙運動和人權理念的源頭，法國人覺得自己對於「劣等種族」負有開化的責任。畢竟，法國也在一八四八年步上英國於一八三三年廢除奴隸制度的後塵。這正是第二個殖民時代的一個矛盾之處：這些自由主義已經占據主導地位的社會，將在十九世紀下半葉開始建立起大規模的殖民帝國。

- **所以「種族天生不平等」的理念正是殖民事業背後的支撐嗎？**
- 這裡牽涉到兩種對立的觀念。一方面是以茹費理為代表的一種「普遍救贖」（普遍主義〔universalism〕）概念，也就是說，殖民者有責任將文明傳遞給未來將享有

3　編注：普魯士於普法戰爭中大獲全勝，根據雙方於法蘭克福簽訂的和約，法國必須割地賠款。

「政治自主」或是「自治」的人民；另一方面，則是一種建立於所謂「科學」理論之上的種族主義理念，而且這種理念在十九世紀下半葉與殖民統治同時展開。對於這種殖民統治而言，世界上本就存在天生注定要被統御支配的劣等種族。

因此，在十九世紀出現根據體質和文化特徵，將人群分類並且強調種族不平等的「科學」論述。當然，這類著作中最值得一提的便是戈比諾（Gobineau）所撰的《論人種的不平等》（*Essai sur l'inégalité des races humaine*, 1853-1855）。當殖民者思考「令黑人開化」的最佳方法時，影響他們的主要還是各種地理學以及人種學的期刊。事實上一般人認為：非白色人種的族群都是落後的，他們就像孩童那樣。種族主義的生物學論述於是為家長管教式的信念背書：非洲和亞洲如要進化，就需要依賴歐洲。

- 歐洲人打算將這種經濟、政治和文化的支配體系強加於何處？
- 無處不在！權力的欲望是無限的。從阿爾及利亞到高加索，到處是貪得無厭的征服！歐洲人爭先恐後地控制所有的領土：那些盛產農業或礦產原料的地方以及可能提供商品銷路的地方，但是也包括最貧瘠荒涼的地方，例如澳大利亞沙漠之於英國，撒哈拉沙漠之於法國，非洲大陸南部的喀拉哈里沙漠之於德國。他們還希望控制通往自己統治或是垂涎之地區的途徑。對於英國人來說，通往印度的路線（無論是經由開普敦還是經由開通於一八六九年的蘇伊士運河）以及沿途直到亞丁港[4]的各據點都是他國休想染指的。俄羅斯人也有類似需求，從一八九一年開始興建的跨西伯利亞鐵路就反映了其追求強盛國勢的動機。

我們也注意到，十九世紀時這份帝國主義的雄心壯志絕不是只被歐洲壟斷。日本在該世紀下半葉實行明治維新之後，即計畫參照歐洲模式建立自己的帝國。

- **誰是執行這第二波殖民行動的征服者？**

- 他們與第一波殖民行動的征服者相當不同，因為後者只是出發尋找財富的投機冒險者，而前者則認為自己是身負歐洲使命的孤獨英雄，征討行動能使他們擺脫在母國所過的平庸生活。拿破崙開此風氣之先，於一七九八年率領一支有專家隨行的軍隊遠征埃及，目的即在教化該國。後來的那些殖民者的動機都不是受私利驅

4　編注：英國於一八三九年占領亞丁，做為控制紅海的重要支撐港口。

使的，而且大部分（如比若[5]、布拉薩[6]、史丹利[7]、拉裴希那[8]、利奧泰[9]、加利埃尼[10]……）出身自官員、律師、醫生的體面家庭，經濟上十分寬裕。這些人當中只有費代賀伯[11]和帕維[12]是例外。上述所有人士都對他們將要探索的地區進行研究或是發表著作。他們都是專家。奧古斯特・帕維是一位民族學家，塞西爾・羅德斯[13]出發時，行李箱中放著亞里斯多德和馬可・奧理略的作品，而利奧泰上路的時候也攜帶大量圖書（波特萊爾、巴雷斯[14]、布爾熱[15]）……

然而，所有這一切並無法阻止他們屠殺一整群人或是燒毀原住民的家園：一八四〇年代初期，比若在阿爾及利亞的所作所為便是一例。

• **阿爾及利亞是如何被征服的？**

• 查理十世（一八二四至一八三〇年在位）國王以鄂圖曼帝國駐阿爾及利亞的總督打了法國領事一個耳光為藉口，在一八三〇年下令攻占該地。阿拉伯人的抵抗運動由阿卜卡迪爾（Abdelkader）在該地西部組織起來，法國因此只能占據阿爾及利亞的一部分。一八三六年比若抵達阿爾及利亞擔任總督後，戰爭又恢復了。與其以鐵的紀律約束手下，這位保皇黨人寧可縱容他們搶劫、強姦、尋歡作樂……而

5 譯注：比若（Thomas-Robert Bugeaud, 1784-1849），法國元帥和阿爾及利亞總督。

6 譯注：布拉薩（Pierre Savorgnan de Brazza, 1852-1905），法國探險家，曾在巴黎地理學會的支持下，率探險隊開闢了通向剛果河右岸的通路，為法國殖民中非提供便利。

7 譯注：史丹利（Henry Morton Stanley, 1841-1904），英裔美國記者、探險家，曾探索、開發過剛果地區。

8 譯注：拉裴希那（François-Henry Laperrine, 1860-1920），二十世紀初的法國將軍，曾經略撒哈拉沙漠。

9 譯注：利奧泰（Hubert Lyautey, 1854-1934），法國政治家、軍人、元帥，一九一二至一九二五年在摩洛哥建立了法國保護國制度。

10 譯注：加利埃尼（Joseph Simon Gallieni, 1849- 1916），法國元帥。年輕時曾參與普法戰爭，其後在法國各殖民地擔任軍事將領。

11 譯注：費代賀伯（Louis Faidherbe, 1818-1889），法國將軍和殖民地總督。擔任塞內加爾總督時，創建了塞內加爾的土著步兵團。

12 譯注：帕維（Auguste Jean-Marie Pavie, 1847-1925），法國殖民地官員、探險家和外交官。在十九世紀的最後二十年中確立了法國對寮國的控制權。

13 譯注：塞西爾．羅德斯（Cecil Rhodes, 1853-1902），英裔南非商人，礦業大亨與政治家。曾出任英國開普殖民地總理。

14 譯注：巴雷斯（Maurice Barrès, 1862-1923），法國小說家、散文家。

15 編注：保羅．布爾熱（Paul Bourget, 1852-1935），法國小說家、評論家。

在戰鬥中，他則從未離開手下一步。一八四二年，比若下令對米利亞納（Miliana）和歐爾謝爾（Cherchell）之間的卡比利亞地區（Kabylie）實行焦土政策。參與此次軍事行動的聖－阿爾諾（Saint-Arnaud）寫道：「我們不亮拳頭，只須放火就好。我們蹂躪、搶奪、摧毀房屋。」一八四五年，比若以他的權威包庇佩利西（Aimable Pélissier）上校，容許他在達赫拉（Dahra）以煙燻的方式令在洞穴中避難的千名平民窒息而死。

該項計畫旨在使阿爾及利亞成為法國人口外移的一個去處。實際上共有四萬人遷來此地，主要包括一八四九年以後遭政府流放的人，以及一八七一年之後來自亞爾薩斯的難民，因此這些定居者都以受害者的身分自居。至於阿卜卡迪爾則向征服者放話：「等著瞧吧！終有一天輪到我們在馬賽登陸。」

• **但是在這段歷史中，難道沒有經濟剝削的問題……**

• 事實上，阿爾及利亞的征服和殖民統治，起初可以說是屬於古老的、前帝國主義的類型。但是從一八七〇年代起，當法國的資金開始湧入這裡時，它的統治便成了帝國主義式的，並且以保護主義的政策確保自己的獲利。

相較之下，帝國主義的野心在突尼西亞則是公然表現出來。茹費理為這種立場辯護道：「法國希望取得磷酸鹽的原料，同時其產品也需阿拉伯人加以消費。」接著，義大利和大不列顛亦持類似的理由來滿足其相同的胃口。

列強在這裡的競爭特別激烈。他們慣用的方法如下：獨家取得公共工程的合同，同時允許突尼斯大公（當地君主）貸入未來將還不起的巨款。英國將這種方法運用在埃及，並且十分成功，所以一八八二年時又把手伸向了突尼西亞。

法國後來出兵干預，在沒有造成太多人員傷亡的情況下，讓各國承認突尼西亞為其保護國。這個法國的保護國並不受海軍部管轄，而是聽命於外交部，因為這樣才能維持如下假象：突尼西亞由於保有內部的自治權，所以仍算外國……

摩洛哥被吞併的過程也是按照此一步驟開展。起初法國和德國先在摩洛哥邊界相互挑釁，然後兩國之間爆發一場重大危機，德國於一九一一年在阿加迪爾（Agadir）港口布署一艘砲艇，以昭示其在殖民摩洛哥的決心。攤牌之後，法國將喀麥隆的部分轉讓給德國皇帝，以換取後者終止對摩洛哥的覬覦。一九一二年，摩洛哥蘇丹決定簽署一項保護國條約，將本國於法國的監管之下。此事在菲斯（Fès）引發激烈的暴動。

- **上述摩洛哥的暴動，是否像阿爾及利亞那樣以屠殺的手段被鎮壓下來？**
- 身為常駐摩洛哥的法國代表利奧泰必須負責處理此事。然而，這位堅定的保皇黨人與另一位保皇黨人比若元帥的做法卻完全相反。他雖然認為必須展示母國的力量，但也要盡可能避免戰鬥。他向殖民者宣稱，顛覆當地既有政權不但根據條約內容無法辦到，而且也不應該。利奧泰反而要提升蘇丹的聲望，並且在他面對社會騷亂的時候強化其權力。這項恢復王權的工作（他巴不得同樣能在法國實施……）與他對於伊斯蘭教的援助齊頭並進，同時也向柏柏爾族的部落承諾保護他們的習俗。

  這種保存維護的政策除非有現代化的事業與之配合，否則沒有意義。利奧泰想要發展醫學、教育。他認為摩洛哥的繁榮將使當地人民團結在保護國的信念之下，而這將成最終的解決方案。
- **利奧泰在摩洛哥的計畫實現了嗎？**
- 事情並非如此簡單……在巴黎，阿拉伯事務局（專門負責馬格里布的政治事務）阻止了這位無所顧忌的冒險家的計畫，何況他愛奢靡鋪張的習性以及同性戀傾向亦令當局感到震驚。事實上，左派一直不信任這個握有極大權力的人，而右派則認為他過度保護蘇丹，此舉等於在欺負殖民者。至於蘇丹則十分讚賞這種對他權威的幫助，這種對摩洛哥自我認同的尊重，但是他也看到了未來擺脫占領者的可能性……最後，一九二一年阿卜杜．克里姆[16]反抗西班牙人的起義、里夫戰爭[17]及其連鎖反應都對蘇丹與利奧泰造成負面的影響。

• 法國何時開始殖民非洲？

• 法國早在十七世紀中期便在塞內加爾擁有據點，但十九世紀的費代賀伯才是非洲殖民事業真正的奠基者。在路易腓力統治下、一八四八年革命期間以及第二帝國期間，這位將軍始終保持共和黨的政治立場。他曾參加征服阿爾及利亞的戰事，但是盡量服膺「殖民乃是推廣文明教化之手段」的信念。這位身為索爾

16 譯注：阿卜杜．克里姆（Abd el-Karim, 1882-1963），摩洛哥北部柏柏爾人反抗法國和西班牙殖民統治的領導者。

17 譯注：里夫戰爭（La guerre du Rif, 1920-1927），摩洛哥柏柏爾人與西班牙的武裝衝突（法國後來加入）。在阿卜杜．克里姆的率領下，起義軍首先使用游擊戰術和西方武器攻擊西班牙軍隊。

雪（Schœlcher，一八四八年法國通過廢奴法案的大功臣）的朋友、畢業於巴黎綜合工科學校、熟悉共濟會圈子的窮官員，同時也是「黑人之友協會」（Société des amis des Noirs）的成員。該協會成立於一七八八年，以促進白人和有色人種之平等為宗旨，並且主張：對於塞內加爾的經營可以促成一種非基於奴隸制度的、提供原住民自由工作機會的殖民型態。

關於被殖民者，費代賀伯將目標鎖定在使其「受平等對待而不被同化」，而此一理念將被塞內加爾未來的總統利奧波德·塞達爾·桑戈爾（Léopold Sédar Senghor）所依循。費代賀伯於一八五四年起擔任塞內加爾的總督，這時他認為自己背負了推行自由的使命。他想讓塞內加爾人成為有色的法國人，想藉由殖民事業讓於一八七一年普法戰爭中敗北的法國重獲新生，也想藉由廢除奴隸制度讓非洲的黑人民族重獲新生。在所有的征服者中，費代賀伯因為懷抱理想，可能是當年最依照正義原則行事、所作所為最符合共和國價值觀的人。

然而，這位總督面臨了兩個障礙。首先，他在下令建造大量堡壘以確保商旅的安全後，便遭逢一個與其競爭的擴張主義對手，即出身土庫勒（Toucouleur）族一個大家族的哈吉·烏瑪·塔爾（El Hadj Umar Tall）。直到一八六四年為止，烏瑪·

塔爾在從麥加到蘇丹之間的民眾心裡注入一股誓與歐洲人周旋到底的聖戰精神。第二個障礙來自殖民者本身，因為他們希望將塞內加爾變成一個種植園類型的殖民地。他們盤算讓黑人為其生產開心果、橡膠、花生（最後這項尤其重要，因為它很快就成了殖民地物產的最大宗）。他們完全不認同費代賀伯平等對待黑人的政策，並且不願承認如下的事實：一旦嚴格落實《民法》條文的規定，黑人和白人應該徹底平等。此外，他們也難以接受當地黑人布萊斯・迪亞尼（Blaise Diagne）於一九一四年被選為眾議院議員的事。

- **其他歐洲大國在非洲的計畫是什麼？**
- 在此之前，歐洲對於非洲並沒有太大的興趣（不過沿海地區例外，因為在蘇伊士運河開通之前，那些地區仍是通往印度和中國之路線上的補給據點）。一八六七年南非的德蘭士瓦（Transvaal）地區發現鑽石，一八八一年蘭德（Rand）地區發現金礦，而羅德西亞也發現銅礦，於是列強的胃口被喚醒了。英國已經在埃及、桑吉巴蘇丹國（Zanzibar）和南非建立了立足點。他們的野心最主要是經濟上的。走在第一線的始終是貿易商，他們知道，如有必要的話，軍隊會為他們撐腰。塞西爾・羅德斯在南非那驚人的成就即為一例。

- **誰是塞西爾・羅德斯？**
- 在帝國所有建構者中，他是提出最偉大計畫的人。為了「結束一切戰爭」，他建議將「世界大部分地區」都納入英國法律管轄的範圍，而第一步必須先將非洲納入盎格魯－撒克遜的文明圈。接著，這範圍還將包括南美洲、聖地[18]等等，最後還要令美國重返大英帝國的懷抱，並令其議員在帝國議會上發聲……

這位牧師之子出身於種植棉花的大家族，起初從鑽石礦累積他的財富，再來是金礦，並且很快就掌握了世界百分之九十的鑽石礦。這時，他可以制定自己的領土征服計畫。他曾說過：「明明有個優秀高等的人種不斷繁衍，總不成把非洲平白留給黑矮人吧！」任意將人逮捕、為了師出有名藉故尋釁、暗殺信使或是傳遞訊息的人，凡此種種都是「特許幫」（Chartered Gang，「英國南非公司」的別稱）慣用的技倆。在一八九〇年代，倫敦將未來羅德西亞的所有領土送給了塞西爾・羅德斯，並定布拉瓦約（Bulawayo）為首都。一八九五年，他試圖以武力從波耳人（荷蘭殖民者後裔）手中奪取德蘭士瓦，結果遭遇慘敗。不過這次失敗並未令其喪志。

這個生意人實現了其興建開普敦到開羅鐵路線計畫的一部分，以火車將開普敦和布拉瓦約聯繫起來……特別的是，為了報復波耳人，如今他以黑人的捍衛者自居，宣稱：「所有文明的人都應享有平等權利……無論白人或是黑人，只要他受過足夠的教育，只要他擁有財產或是一份工作，總而言之，只要不是遊手好閒的人即可。」

- **所以歐洲列強認為在非洲應該盡量多占土地？**
- 是的，而一八八四至一八八五年柏林會議的目的，即在協調分配彼此的占領地。自一八七一年法國戰敗以來，俾斯麥就成了歐洲外交界的當紅人物，打算將非洲劃分為幾個勢力區。在那時候，他本身對殖民地問題是保持超凡立場的，後來才成為列強之間的首要仲裁者。柏林會議承認了「剛果獨立邦」(〔État indépendant du Congo〕實際上與喀坦加〔Katanga〕地區合併，成為比利時國王利奧波德二世的私有財產)、確定了自由貿易的權利，並且規定列強在併吞領土時必須遵循的規則。

18 編注：約旦河與地中海之間的一個區域，包括約旦河東岸。

此外，會議還禁止販賣黑人（此前，各國其實已經放棄此一做法）。會議最主要受惠者是利奧波德二世。

在隨後的幾年中，歐洲列強紛紛湧向非洲大陸，並且彼此間達成了劃定邊界的協議，而這些邊界在經過一個世紀、非洲國家獨立後還一直存在。大不列顛與葡萄牙、德國和法國分別簽署了三十個、二十五個和一百四十九個這類協議……因此，在柏林會議期間，歐洲人並未「瓜分非洲」——這和我們經常聽到的說法其實相反——不過，這會議也得以讓征服的夢想成為現實。

非洲大陸在歐洲人眼中雖被公認為最容易消化的獵物，但在十九世紀末，他們的野心絕不僅如此，因為他們垂涎的對象遍布世界各角落：中亞在俄羅斯擴展影響力的過程中開始受到監控，就像鄂圖曼帝國那樣，如同一具死屍任憑切割。此外，他們也準備染指中國，至少也要在列強的歡宴上分一杯羹。

- **這麼說來，俄羅斯也有志於實現帝國主義的霸權？**
- 早在一八〇一年，俄羅斯沙皇無視喬治亞只想尋求其保護的意願，竟下令直接吞併該國。在與鄂圖曼帝國發生戰爭（一八二八至一八二九）之後，俄羅斯先是占領了亞美尼亞靠近波斯一帶的領土，而後又吞併亞美尼亞鄰近土耳其的部分。當俄羅斯人又想要奪取黑海沿岸的阿布哈茲（Abkhazia）時，伊瑪目沙米爾（Shamil）從一八三〇年起的抵抗行動便驚動了西方世界。法國和英國的自由主義人士不免擔心這種「對自由充滿敵意」的擴張勢力，然而在這時間點上，法國也正出兵占領阿爾及利亞，而英國為了擴張它的印度版圖，也征服了今日巴基斯坦和阿富汗交界的俾路支斯坦（Balochistan）……隨著民族自決的原則和基督教徒應團結一致的精神被置之不顧，法國和英國在克里米亞戰爭期間（一八五三至一八五六）支持鄂圖曼帝國反抗俄羅斯沙皇。

在十九世紀下半葉，沙皇因擔心鄂圖曼帝國會對中亞進行反攻，於是先下手占領今日的烏茲別克斯坦以及塔吉克斯坦等地區，而英國則在占領了俾路支斯坦之後，又攻下喀布爾。英俄兩國在印度大門口的衝突對抗，成了帝國競賽場上數一數二的關鍵戲碼。做為這兩大國盟友的法國於是出面斡旋。幾十年後，一九〇七年，俄羅斯和英國將波斯劃分為兩個勢力影響區。

對內政不感興趣的沙皇尼古拉二世（一八九四至一九一七年在位）也存有強烈的帝國主義野心。他的理想是：在西邊占領君士坦丁堡，並將其重新命名為

「沙皇城」（Tsargrad），在東邊吞併從滿洲直到西藏的廣大疆域，然後以「太平洋海軍上將」的身分自居。如有必要，將用武力令這些民族皈依東正教，而「這可不是在挑起戰爭」，如果必須與日本這個他所憎恨的「猴猻國」打上一仗也在所不惜。他的內政部長普勒韋（Plehve）也附和，認為「來一場小小戰爭」可以改善國內氛圍，然而此時革命者的吶喊聲已經響起。

- **剛才也提到了鄂圖曼帝國？**

- 十九世紀西方列強開始肢解鄂圖曼帝國，使用的方法便是幫助解放原先組成該帝國的各民族。基於這個原因，俄羅斯著手對其發動大規模的攻擊，以便控制黑海這個地中海的玄關。凱薩琳二世（一七四二至一七九六年在位）於一七七四年「解放」了克里米亞，然而好景不常，獨立後的克里米亞很快就遭到俄羅斯併吞（相同的歷史於二〇一四年再度由普丁搬演一次）。鄂圖曼帝國當時已是一介「病夫」。此外，當法國在一八三〇年占領阿爾及爾，然後再併吞整個阿爾及利亞時，蘇丹竟然袖手旁觀；待法國再把手伸向突尼西亞時，情況亦然。大約與此同時，當帝國東部的亞美尼亞人和庫德人要求獨立時，阿拉伯人也受到法國和英國的支持而群起造反。

從鄂圖曼帝國將分裂出來的成員包括移民型的殖民地（阿爾及利亞、利比亞、的黎波里），以及獨立後一直保持此種狀態的國家（希臘、保加利亞、塞爾維亞、阿爾巴尼亞），此外還有一些成為保護國（埃及、突尼西亞），甚至更晚還出現「託管地」的形式（敘利亞、黎巴嫩、約旦、伊拉克）。

法國、英國和義大利聯手瓜分了鄂圖曼帝國的一部分，但德國人卻懂得運用一種新的干涉手段（經濟的、技術的手段）取而代之，無須派出殖民者或是插旗宣示主權。他們訓練土耳其的軍隊、興建柏林到巴格達的鐵路，並支持針對中亞和波斯的「泛突厥主義」。昔日的這種團結可以解釋何以今天德國境內居住如此多的土耳其人：他們的情況類似今天法國境內的馬格里布人。

第一次世界大戰期間、一九一六年簽訂的《賽克斯－皮科協定》（*Sykes-Picot Agreement*）終使上述分裂鄂圖曼帝國的行為獲致一個不可逆轉的結局，因為該協定明確劃分了法國以及英國在中東地區的勢力影響圈，此外，前者還直接統治敘利亞的海岸地區以及西里西亞（Cilicie），而後者則直接統治伊拉克南部地區（敘利亞和伊拉克邊界的劃定可以追溯到一九二〇年的「聖雷莫會議」〔San Remo conference」。而伊斯蘭國斷言自己在二〇一四年六月發動的攻勢，已將《賽克斯－皮科協定》所劃定的界線抹去，這種吹噓的說法與事實不符）。一九一七年簽訂的《聖讓德莫里耶恩條約》（*Saint-Jean-de-Maurienne*）雖保證庫德斯坦和亞美尼亞得以獨立，然而一九二三年的《洛桑條約》卻遺忘了一九一七年那個條約所答應的事。五十年後出現的亞美尼亞恐怖攻擊，似乎在提醒世人這個未履行的承諾。

沙烏地阿拉伯在一九三二年才成為主權國，而葉門則一直沒有屈服。只有亞美尼亞（與後來在一九二〇年成為蘇維埃一個小共和國的亞美尼亞[19]分開）和庫德斯坦[20]依舊受土耳其的統治（第一次世界大戰結束後，共和國體制取代了鄂圖曼帝國）。

- 在遠東地區則是中國引起列強的覬覦？
- 從一八四〇年代開始，英國、俄羅斯、法國以及日本便迫使中國（因內部問題而國勢衰弱）接受一系列允許外國人住在其國境內並且打進市場的條約。中國於是必須劃出租借地（香港、十一個港口等），並且放棄對其附庸國（安南、緬甸）的宗主權。一八九五年，日本也跳上中國的舞台，導致中國必須放棄對韓國的影響力，並割讓福爾摩沙（今台灣）、遼東半島（滿洲出海口旅順港的所在地）。該協議令俄羅斯政府擔憂，因為它威脅到跨西伯利亞鐵路的計畫，該計畫必須以亞瑟港（即旅順港）為終點。沙皇準備加以干預。最後，在列強介入調停之後，日本放棄了旅順港。

東京並不打算讓沙皇在遠東地區實現他的雄心壯志。一九〇四年，日本突然襲擊駐紮在旅順港的俄羅斯艦隊並將其摧毀。尼古拉二世以及他的陸軍與海軍將領都低估了日本的軍事力量。俄羅斯幾經失敗，雙方便在美國的調停下簽署了《樸茨茅斯和約》：俄羅斯承認日本對朝鮮的主權；旅順港再度成為日本的海軍基地；東京吞併了庫頁島的南部（蘇聯於一九四五年戰勝後收回）。

歷史上第一次，一個強大的「白色人種」（當年習慣如此稱呼）國家被有色人種擊敗了。在整個被殖民的世界中，這件事的影響是相當大的。

19 編注：一九一八年，亞美尼亞從土耳其獨立，但原本的西亞美尼亞又被土耳其奪回。

20 編注：在洛桑條約中，庫德人的利益被西方列強出賣，庫德斯坦的大部分地區仍然由土耳其鄂圖曼帝國的繼承者土耳其共和國占領統治，成為所謂的土耳其庫德斯坦。

- 前面提到了美國的介入。我們可以說十九世紀美國也實行帝國主義嗎？對於一個獲得解放的前殖民地而言，這是不是很矛盾？
- 當然矛盾！如果你在美國提起「美國帝國主義」，那簡直是犯褻瀆罪了。美國人將自己視為善的帝國，治國之道皆有上帝陪伴指導。但是沒有必要不從這個度看待他們。

讓我們回顧一下。根據一八二三年的門羅主義[21]，美國政府的責任在於保護整片大陸，宣布美洲領土不可侵犯，防止歐洲人捲土重來；在十九世紀初美洲各國紛紛獨立之後，美國又將西班牙趕出它仍控制的一些領土。威爾遜總統在一九一八年的《十四點和平原則》中再度提醒「民族自決」的權利，此舉在被殖民者的心中引起相當高的期待。一九五六年，美國在蘇伊士成功阻止了英法企圖在埃及進一步深植影響力的企圖，敦促英國和法國走上去殖民化的道路。

然而，這種自稱為反殖民主義的政策（被殖民者也如此稱之）實際上背後有著不同的動機：有些出於征服和擴張的需要，其心眼與其他殖民列強或帝國主義者無甚差別，有些則源自「美國領導人必須捍衛國家主權」的概念。

- 以下行動算不算帝國主義的行為呢？

- 一八四八年，發動戰爭併吞墨西哥的幾個省分，即現在的亞利桑那州、加利福尼亞州、新墨西哥州以及德克薩斯州；
- 一八六七年，從俄羅斯手中購得阿拉斯加，其後未徵詢當地人民的意見便將其併吞；
- 一八九八至一八九九年，以武力併吞夏威夷、征服菲律賓（於一九四六年獨立），又從西班牙人手中取得波多黎各；
- 一九〇三年，承認巴拿馬共和國，美國以犧牲哥倫比亞為代價幫助創立巴拿馬共和國，並保證其「獨立」；
- 一九一五年入侵海地，一九八三年入侵格瑞納達。

此外，第二次世界大戰後，在冷戰的新背景下，美國以捍衛其主權為名，設法維持其對原料與市場的控制。外交官喬治・凱南（George Kennan）在一九四八年即為本國的立場辯護：

21 編注：第五任美國總統門羅於一八二三年的國情咨文中表示，美國不會干預現存的歐洲殖民地，也不會參與歐洲國家內部事務。

我們只占世界人口的百分之六．三……，卻獨占世界財富的近百分之五十……在這種情況下，我們不可能不招致嫉妒和怨恨……未來幾年裡，我們的主要任務是建立一個國際關係脈絡，使我們能夠維持這種不平衡的狀態……我們不能欺騙自己，想像今天我們可以負擔得起利他主義和慈善事業的奢侈手筆。我們應該不要再談論例如人權、提高生活水準或是民主化等這類不切實際又模糊的原則。在不久的未來，我們將必須在純粹的軍力關係上面定位自己。我們受理想主義口號的限制愈少，我們就愈能占到有利的位置。

前國務卿迪安．艾奇遜（Dean Acheson）在一九六二年時所提出的解釋又更明確：

美國回應他人挑戰其權力、地位和聲望時，不可能單純依法行事。

與此同時，美國的領導人卻因一九五九年菲德爾．卡斯楚（Fidel Castro）所領導之古巴革命（儘管他最初和共產主義或是蘇聯並無牽連）的成功而深受打擊……美國為維護自身在拉丁美洲的利益所採取的措施是：一方面透過甘迺迪的「爭取進步聯盟」[22]提供經濟援助，一方面則透過中央情報局全力擁護該地區的「強勢」政權，從一九五四年的瓜地馬拉到一九七三年的智利，而其間還包括尼加拉瓜。無論美國背後的動機是什麼，這些作為都是帝國主義的新形式。自一九六〇和七〇年代以來，世界各地年輕一代的革命者都不斷地加以譴責。

22 譯注：由美國總統約翰．甘迺迪於一九六一年發起，旨在推動北美與南美經濟合作的一場運動。這項援助意在反對從古巴到美國日益膨脹之共產主義的威脅。

4

在地化、西方化與兼容並蓄

- 正如上文所言，殖民事業給遭受統治的人造成創傷。但是，反過來看，殖民者是不是也因這種接觸而改變了他們所統治的人民？
- 當然。有一種比較不明顯的現象也滲入了殖民事業「偉大歷史」的縫隙中，此即可稱之為殖民者「在地化」的現象。這種作用的程度視地方的不同而有深淺之別，最終甚至可以反轉文化同化的方向。

從殖民事業最初開始的時候，南美洲西班牙和葡萄牙的征服者即擔心這種在地化，他們認為這是被統治者對統治者的「污染」。當然，他們占領了原住民的土地、迫使他們逃離、蔑視他們的信仰、擾亂他們的習俗，而殖民者也將原住民婦女據為己有、部分採用了他們的文化以及習俗、學會了他們的語言。反抗殖民統治的力道愈強烈，當局就愈擔心混血現象。

十七世紀初，在巴西的塞阿拉（Ceara）地區，馬爾丁・蘇瓦雷茲・莫雷諾（Martim Soarez Moreno）通知葡萄牙王室：「有十到十二名男性娶了印第安女性或是混血女性，並且生育很多子女……」他解釋道：「士兵必須在當地結婚，如此方能確保安定……祖國最好送來一些天主教禮拜的物品，如果沒有這些東西，我們擔心他們會像印第安人一樣過活。」因此，宗教似乎是防範「徹底」本土化的堡壘。莫雷諾擔心葡裔巴西人的「鑾化」現象。

- **那麼殖民者是否真被「污染」了？**
- 墨西哥的西班牙殖民者埃爾南．科爾特斯（Hernán Cortés），一五四七年在遺囑中要求，如果他死在西班牙，遺體必須運回墨西哥城鎮科約阿坎（Coyoacán）的方濟各會修道院中安葬。他是第一個真正將墨西哥視為自己祖國的西班牙人。

　　這種認同與自己祖先原居地不同之新國度的態度是一種差異指標，而在母國和克里奧爾人（在殖民地定居、原籍西班牙的人）之間，這份差距會愈來愈大。在克里奧爾人當中，殖民地環境及其文化的浸潤是以難察覺的方式進行的，個人不見得會意識到。

　　印第安人的生活型態方方面面都「污染」了西班牙人。殖民者傳統的作息時間也受到新習慣的影響。因此，從十八世紀開始就有人注意到，克里奧爾人一天從早到晚幾乎都在吃東西：早上吃巧克力，九點吃一餐，十一點又吃點東西，中午才過不久再來一餐，午睡過後，先來一點巧克力，然後等著吃晚餐。他們主要以水果、蔬菜和新鮮產品為食。克里奧爾人的生活是深深烙印在當下的，不像他們在西班牙的親人一樣，生活在一長段時間中開展。

克里奧爾人的服裝也反映了他們的社會和民族歸屬感。大多數印第安人都習慣赤身裸體，而自由的黑人和黑白混血兒若財力負擔得起，則喜歡穿著華麗的衣服，至於西班牙人則喜歡配戴武器以及珠寶。這種鍾情於炫目奢侈品的心態正是模仿了阿茲特克和印加宮廷的風尚。因此，美洲的克里奧爾人逐漸和母國的人拉出差異，這點在服裝上尤其明顯，其特色一方面反應他們所處的社會地位的要求，一方面也呈現他們借用了「被征服者」的文明元素。

由於風俗習慣如此深刻交融，西班牙人很快就在克里奧爾人身上看到印第安人的特徵。於是，西班牙人開始把原先以為印第安人才有的缺點（懶惰、粗心、邋遢、好色、說謊、迷信）也轉嫁到克里奧爾人身上……

- **我們可以推估出異族通婚的規模嗎？**
- 科爾特斯同意來自大西洋彼岸卡斯提爾王國的兩千多名男性移居墨西哥，條件是他們的妻子必須在他們落戶後的十八個月內渡海前來與丈夫團聚。一五一四年，在伊斯帕尼奧拉，六百八十四名男性中有六十四人已經與印第安人結婚。還有，未婚同居也已形成風氣，許多混血兒因此誕生了。一五七〇年左右，祕魯「露水姻緣的混血兒」（恕我大膽使用這個詞來形容男女短暫關係的結晶）的人數是十萬名，而白人的總人數不過才三萬八千名。因此他們很快便受到克里奧爾人和印第安人雙方面的排擠，例如禁止他們使用歐洲的家族紋章或是擔任神職。

十六世紀初非洲奴隸開始到來，這進一步擴大了異族婚媾與混血兒誕生的規模。這些社會族群在西班牙文中稱為「喀斯塔」[1]，其種類隨著婚姻策略的發展而變得繁多，因為可繼承家產的人一般都希望與膚色較白、而非偏黑的對象婚配。這是家族最關注的一等要事，因為家族在社會階級上的位置首先取決於膚色。

在巴西，一般只有葡萄牙的男性前來定居，因此，未婚同居和異族婚媾所生出的混血兒便容易融入殖民社會。因為與印第安人結合的關係，巴西葡萄牙人當中混血的比例已相當高，而後來當黑人女性也成為婚媾的對象時，他們更開始融入許多具有非洲文化特徵的習俗。我們應該注意如下的一點：領導革命的巴西殖民者對原住民雖然抱持敵對態度，但是大量的混血兒多少緩和了衝突所引發的暴

1　譯注：喀斯塔（casta），西班牙人十八世紀時在西班牙帝國美洲地區和菲律賓建立的等級體系。

力，這種局面和其他殖民地的情況有所不同。

巴西大作家吉爾伯托・弗雷爾（Gilberto Freyre）在著作《主人與奴隸》（*Masters and Slaves*, 1933）中推崇黑人對巴西文化的貢獻，並且得出「混血是國家一個巨大的機會」的結論。混血非但不是恥辱，而是宣告種族的融合，這是唯一可以確保人類未來的可能性。各種族在巴西發生的混合現象毫無疑問從一開始就是很明顯的，在世界上幾乎找不到同樣的規模。事實上，巴西國會中黑人所占的席次十根指頭就數得完……

• **那麼，其他殖民地之在地化、異族婚媾、混血後代的情況又如何？**

• 這些特徵絕對不是任何殖民地都看得到的現象。印度的英國人根本連在地化的概念都沒有。英國十九世紀晚期的女小說家芙蘿拉・安妮・斯蒂爾（Flora Annie Steel）解釋說：沾染印度文化是危險的、不雅的，甚至是可笑的。

如果讀一下芙蘿拉・安妮・斯蒂爾或與她同時代寫出《叢林之書》（*The Jungle Book*）的名作家魯德亞德・吉卜林（Rudyard Kipling），我們即可發現：當年在英國人眼中，印度就只是一個由老虎、叢林、舞會、霍亂和印度兵（英國軍隊中的本地兵）構成的綜合體。印度人體現了一切與真正英國人之特徵（冷靜、幽默、榮譽感、運動精神）相反的東西。任何取而代之、任何混合攙雜只會腐蝕這種英國精神。一七九一年，東印度公司一度排除混血人士在其中任職的權利，所持的理由是：印度人輕視這些歐亞混血兒，將其稱為「雜種」，然後再將其稱為「噓噓」、「印歐人」以及「英印人」。事實上，東印度公司那些具貴族習氣的董事只是難以接受混血人士擔任高級職務。

不過，這些措施都小看了印度女性的吸引力（緬甸女性又更勝一籌）。婚外關係普遍形成風氣而且不會受到懲罰。一八九九至一九〇五年之間，印度總督寇松勳爵（Lord Curzon）曾威脅那些與原住民婦女結婚的同胞，指出此舉將不利於其職場前途。對於那些喜歡帶著情婦出入各種場合的人來說同樣前途堪慮。一九五〇年左右，印度「歐亞人」的數目不低於十一萬二千人，而英國人的數目則為八萬至十萬人。「歐亞人」這個族群在服裝、部分餐食（尤其是早餐）以及教育等方面都西化了。許多「英印人」進入郵政、鐵路等部門服務。

從十九世紀末開始，英國妻子從本土來印度與丈夫團聚的情況便得頻繁。她們以舞會和「派對」取代通常有「印度舞娼」（nautch girls）作陪的表演節目，並且令家庭生活呈現英式風格。從此以後兩個族群就被拆開了。

至於英國人在地化的現象，如下這句諺語就已總結了極限：「主人穿著涼鞋踱進平房的陽台，然後解開長袖柞蠶絲開衫的搭扣，並喝下一杯茶。」

- **法國殖民地呢？您曾於一九四八至一九五六年間在奧蘭（Oran）任教，阿爾及利亞外來與在地並存的現象又如何？**

- 一九五〇年左右的阿爾及利亞住著九十萬名歐洲人，可是歐洲人和當地人通婚的例子只有五百對！法國殖民的特點就是大家集體排斥社群間的雜處。

在奧蘭，一切都被劃分開來了。有被稱為「深褐色區」（quartier nègre）的「阿拉伯人區」，有居住著傳統猶太少數族群的「猶太區」，有住著「黑腳」[2]、市中心區的阿爾佐街（Rue d'Arzew），還有港口附近的「西班牙區」。永遠看不到歐洲人和阿拉伯坐在同一個咖啡館的露台上，而猶太人和非猶太人也不會出現在同一座網球場或同一片海灘上。圖赫維勒（Trouville）海灘是非猶太人去的，而布伊斯維勒（Bouisville）沙灘則只有猶太人涉足……「黑腳」和阿拉伯人從不往來，也不會到彼此家中作客用餐。他們只在工作場所時才相互交談，有時是在從屬關係的框架中，例如在殖民者的農場中主人與充當雇員或僕役之阿拉伯人的關係，有時是在平等關係的框架中，例如工會或是國民教育體系中的同事。

歐洲人基於自己在殖民地所成就的事業而團結一致，他們認為自己是唯一有資格稱為「阿爾及利亞人」的居民。「這個國家是我們建設起來的。」何況，阿拉伯人除了艾哈邁德或法蒂瑪之外，還能叫其他的名字嗎？

為了回應歐洲人的種族主義與隔離政策，阿拉伯人拒絕讓歐洲人進入「他們的家」，拒絕讓自己的女兒接受教育（況且還是世俗教育）。無處不在的伊斯蘭教充當了一座堡壘，讓許多家庭得以躲避法國文明。穆斯林由於自己在兩次世界大戰期間為法國出生入死，卻體會不到任何感激之情而心生怨恨。他們當中只有一小撮人獲得真正完整的法國公民身分。

關於法國推行教育一事，我的一名學生曾告訴我：「你們把我們帶到車站，但我們卻從不搭火車。」因此，在阿爾及利亞，一個人從青春期開始一切都受社

2 譯注：黑腳（Pied-Noir），指生活在法屬阿爾及利亞的法國或歐洲公民，亦可指一九五六年前生活在法屬突尼西亞和摩洛哥的法國公民。此外，亦特指出生在阿爾及利亞的歐洲定居者後裔，比如法國、西班牙、義大利和馬爾他人的後裔。

群關係的制約，制約他的思想以及言行舉止。

- **種族的隔離是否引發憤怒和誤解？**
- 殖民者大規模抵達阿爾及利亞，他們占據了最好的土地（或者據說是最好的土地），並將「原住民」（〔indigènes〕十九世紀都是這個稱法）趕到其他地方。從一開始這個國家就被定調成如此。這種有法律論證支撐的剝奪被強烈指責為一種不公不義，彷彿把殖民者「貶抑」為盜匪。結果，在某些人看來，殖民地的政府好像成為「犯罪組織」似的。

在北非馬格里布和黑色非洲，如果拿殖民者的人數和他們所擁有或控制的土地面積加以檢視（這比任何長篇大論更具說服力），那麼原住民被剝奪的情況便昭然若揭了。一九五〇年左右，在阿爾及利亞，由百分之十二的人口控制百分之三十四的土地；在辛巴威，百分之三十三的人口擁有百分之五十．四的土地；在納米比亞，百分之十的人口擁有百分之五十九的土地。而在南非，歐洲裔的人口僅占全國人口總數的百分之二十，卻擁有百分之八十七的土地[3]！

讓我們再回到阿爾及利亞。我曾應《巴黎諾曼第日報》主編皮耶－賀內．沃夫（Pierre-René Wolf）的邀約，在一九五二年發表一篇題為〈兩個討厭彼此又熱愛彼此的民族〉（Deux peuples qui se haïssent et qui s'adorent）的報導，刊出的時間點是在阿爾及利亞獨立戰爭尚未爆發之前。四十年後，我認為這個標題依舊能反映現實。當年，穆斯林被排除在一切的政治責任之外。如果有人說他們可以參與決策的話，那麼勢必引起阿爾及利亞法國人的訕笑或憤慨。一九四九年有個修車廠老闆對我說，「只要哪個阿拉伯人進入市議會，看我不一槍打死他才怪」，但這並不妨礙他與阿拉伯員工在餐桌上一起享用扁豆。當西班牙的足球隊來奧蘭比賽時，那個老闆也會和員工一起喝他們的倒彩。

兩邊確實相互都有敵意。其中一方蔑視原住民的習俗，害怕有朝一日自己反受支配，而另外一方則期盼奪回主權，同時又憎惡對方的種族主義心態。所以，沒有空間保留給在地化。

此外，兩方甚至在如何於歷史中定位自己的觀念也截然不同。歐洲人活在一個靜止不動的時代，其中那些根本的要素沒有哪一項應該改變。猶太人想要忘記

3 作者注：Bouda Etemad, *L'Héritage ambigu de la colonisation. Économiques, populations et sociétés*, Paris, Armand Colin, 2012.

過去，忘記一八七〇年授予他們法國國籍之《克雷米厄法令》（*décret Cremieux*）頒布之前的年代。至於阿拉伯人，他們則寄望於一個模糊的未來，等待自己的地位能發生改變，只是這種情況遲遲不來。直到一九五四年「民族解放陣線」（FLN）[4]創立後，一切才發生了轉機，因為它宣布將國家主權和獨立設定為奮鬥的目標。於是，歷史又再度向前邁進了。

種族主義的確是阿爾及利亞問題萌芽的溫床。那是日復一日的種族主義，那是種族主義的殖民政策。

- **法國在印度支那是否採取同樣的種族隔離政策？**

- 那裡殖民者和被殖民者的關係其實很多樣。不像當時阿爾及利亞一首猥褻流行歌曲〈女人，幹活吧！〉（Travadja la Moukère）中所唱的法國人「讓阿拉伯人戴綠帽」，這裡流行的〈小小東京女〉（La Petite Tonkinoise）所歌頌的則是異族男女邂逅、那純樸的美好。

印度支那與阿爾及利亞不同，那裡的教育工作獲得了長足的發展：在一九四〇年代，有超過七十萬名兒童入讀小學，六千五百五十名少年入讀中學，而在阿爾及利亞，上述兩項加總起來才大約一千名。此外，還有一千五百名印度支那學生在法國本土的大學就讀，以至於當地的殖民者曾憂心地表示：「再過不久他們要超越我們了」；阿爾及利亞的法國人無法想像同樣的事會發生在穆斯林身上。這一批年輕的越南菁英將成為日後民族主義運動的班底。他們對侵占者的敵意是毫不含糊的。

- **普遍看來，殖民地社會的西化現象到達何種程度？西方人真的設法要「教化」殖民地嗎？**

- 首先，對於殖民者來說，使殖民地西化的最大受益人是他們自己，無論是水壩、運輸礦石的鐵路、公路、工業建設或是城市發展都一樣。在阿爾及利亞，母國專為當地人設計的大型建設只有《君士坦丁計畫》（*Plan de Constantine*）一項而已，何況推出為時已晚，因為該國在一九五八年已然處於戰爭狀態。

我們到處都看得到相同的標誌性人物。一方面是種植園園主和他的種植園，

4 編注：阿爾及利亞的一個政黨。自一九六二年阿爾及利亞脫離法國殖民獨立後，該黨一直是執政黨。

另一方面是行政部門主管官員以及強迫勞動，這些當然都體現了殖民地的制度（但是舊的法國殖民地和阿爾及利亞例外）。但是，也出現了醫生和醫院、老師和學校等這些代表「開化」的元素。此外，還有確保社會秩序和維護殖民者與被殖民者之間不平等關係的駐軍及其軍營。

隨著殖民事業的開展，一些新的活動也登場了。掠奪和殺戮的日子過去之後，甚至連優先關注財富（特別是採礦業，例如祕魯波多西〔Potosí〕的銀礦，或是後來突尼西亞的磷酸鹽礦）的日子也過去之後，種植園接著成為殖民事業的核心。不管如何稱呼那種莊園（西班牙文的hacienda、estancia、casa grande或是英文的great house），其共同的特點幾乎無處不在：對土地和水資源的控制、對勞動力的安排或是從他處引進新的植物（將亞洲的甘蔗株和非洲的咖啡樹引進美洲，或是將美洲的可可樹、菸草株、橡膠樹引進非洲）、迎合歐洲市場的需求而使經濟作物單一化（例如西非的花生，阿爾及利亞的葡萄和造紙原料細莖針茅等）。

種植園的景觀到處都一樣：主人的「大房子」位居正中，較遠處是農工（「原住民」或是奴隸）住的小屋及其所種的作物（根據他們的來源地而有地瓜、香蕉、木薯的不同）。在加勒比海地區土地上耕作的基本是非洲人。十九世紀時，種植園的主人還從印度和中國招來所謂「苦力」（coolie）的工人，他們簽下的合同接近強迫勞動的賣身契。到了一九五〇年左右，英屬蓋亞那的亞洲人已多於非洲人。隨著時間的推移，十九世紀時，巴西和西班牙語美洲的種植園漸漸變窮。亞洲的種植園（印度、印尼、印度支那）反而成為生產力最高的。

在印度支那，種植園和礦場主要位於南越的交趾支那（Cochinchine）以及北越的東京（Tonkin）：它們代表了越南的兩大袋米（亦即兩大富源），由中越安南這跟扁擔挑起來（然而，在法國殖民越南之前，安南地區因為盛產甘蔗、菸草、絲綢並有繁榮的手工業，所以才是越南的經濟重心）。昔日各地區間的互補性如今不復在，於是成了對法國殖民事業怨恨的因素之一。更何況百分之四十五的稻米產量掌握在歐洲人手中，並且東京的礦區裡瘧疾肆虐，導致「許多工時白白損失掉了」……

- 工人的效能呢？這是歐洲人關注的主要問題嗎？
- 當然是的。西化的第二個特徵就是位居作物種植之後的強迫勞動。撒哈拉以南非洲地區尤其如此，一八八〇年代，取代奴隸制度的正是強迫勞動。工人雖然在法律上的身分是自由的，實際上卻被強迫徵用，而且工作條件差到令人髮指，工人非但辛勞，還往往領不到報酬。這種現象在整個非洲大陸普遍且嚴重。十九世紀末，當象牙和橡膠的需求量大幅攀升之際，這種類型的剝削在剛果王國特別顯著。村莊人口完全流失的情況不計其數，因為工人有時會一整批地從他們的出生地被運往數百公里外的地方。殖民地的行政官會與當地的權勢人士協商，再由後者組織強制的工作隊，令其遵從命令鋪設哪條道路或是執行哪個具經濟利益的項目。

- **不過，正如上文所說，歐洲人也帶來了醫院、學校……**
- 雖說醫生和醫院確實體現了西方文明的成果，但是一開始並非如此。醫學起初是為帝國的利益而服務，其應付的對象最早是蚊子，然後再針對細菌和病毒。後來，消滅昏睡病的媒介采采蠅一事變成「為非洲而戰」的主要行動。

但是，在巴斯德（Louis Pasteur）的偉大發現面世之前，醫學所取得的成功相當有限，因為原住民對它並不信任。在馬格里布地區，治療瘧疾和眼炎的奎寧和滴劑很受歡迎，但是阿拉伯人對天花疫苗接種卻很排斥，因為他們擔心牛隻的製劑或是歐洲人的血液會因此滲入他們體內。只有等到第一批支持疫苗接種的阿拉伯醫生出現了，阿拉伯人才開始接受它。

- **那學校呢？**
- 例如社會學家范妮・科隆納（Fanny Colonna）認為，在阿爾及利亞，小學教育是社會化的源頭，同時也是以理念哺育思想菁英（尤其是阿拉伯籍或柏柏爾籍教師）政治意識的源頭。這些菁英很快成為推崇同化的「阿爾及利亞年輕世代」，正如阿爾及利亞政治家費爾哈特・阿巴斯（Ferhat Abbas）[5]所言：「學校培育了被解放者，而他們日後自己將成為解放者。」一九八六年由穆罕默德・拉卡達－哈米納（Mohammed Lakhdar-Hamina）導演的《最後影像》（*La Dernière Image*）中，他以溫馨的方式再現小學同學們對於法國女老師的那份敬愛，重現學校這個充滿自由和幸福的空間。

然而，在阿爾及利亞，接受教育的穆斯林兒童很少：一九三〇年（法國征服

5　譯注：費爾哈特・阿巴斯（Ferhat Abbas, 1899-1985），阿爾及利亞政治家、民族獨立運動領袖、民族解放陣線領袖，於一九五八至一九六一年出任共和國臨時政府首任總統。

該地後一個世紀），在大約一千二百個班級中，他們接受教育的比例不到百分之六。

學校也加重了傳統社會中的不平等現象。學校培訓的原住民教師中，父母不識字的比例為百分之七十，而他們的學生中能再繼續升學的還是很少。一九四五年，奧蘭僅有六十名穆斯林青年接受中學教育。

- 那麼女性呢？殖民統治為她們的處境造成了什麼後果？
- 就像我們看到印度所發生的情況那樣，塞內加爾或是加勒比海地區也是如此，「未婚同居」是歐洲男性和原住民婦女最典型的關係。當局不會加以反對，畢竟這種關係有助於穩定社群之間的關係。但是，這種風氣漸漸消退，因為種族主義還是占了上風。此外，教會只贊許正式的婚姻，不過異族通婚仍極少見。

整體而言，殖民統治更進一步將男性圈子和女性圈子區隔開來，讓男性到種植園或工廠裡工作，並將婦女留在他們的村莊或家裡。殖民者參與這種分隔，畢竟在歐洲，「人權」不也遺忘了女性的權利嗎？

然而，必須強調的是：殖民地未婚同居的人愈多，暴力就愈減少。

- 總而言之，殖民地的被殖民者不但失去了他們最初的自我認同，而且也沒能成為「法國人」、「英國人」或是「葡萄牙人」？
- 這就是殖民過程的核心問題。然而，在此一普遍背景下，我們必須提到兩種試圖克服這種情況的案例：葡萄牙殖民地和法屬安地列斯群島。

先談葡萄牙。一九六七年，該國外交部長佛朗哥．諾格拉（Franco Nogueira）表示：「我們領先其他國家，獨自將人權和社會平等的理念引進非洲。唯獨我們實行了多種族主義，這是民族博愛精神最完美的表現。」這個想法並非首創，因為早在十七世紀，葡萄牙就已把其他國家稱為「殖民地」的地方稱為「海外省」了。一八二二年該國憲法起草時，官方即已正式廢除「殖民地」一詞。葡萄牙國土「從米尼奧（〔Minho〕葡萄牙本土的一條河流）延伸到帝汶」，安哥拉和阿爾加維（Algarve）都被認為是葡萄牙的領土。不過只有在巴西，三個族群的混血情況才能創造出一個幾乎平等的社會。如下的諺語反映了當年的種族偏見：「印第安女人有三個情人：印第安的那一個可以成家，歐洲的那一個可以給錢，黑皮膚的那一個讓她爽翻了。」

- 法屬安地列斯群島的情況呢？
- 根據一九四六年的法國憲法，法屬安地列斯群島（馬提尼克島、聖馬丁島、瓜德洛普島、聖巴泰勒米島〔Saint Barthélemy〕）成為了海外省。如同留尼旺島（〔Réunion〕一九四六）和後來的馬約特島（〔Mayotte〕一九七四）一樣，與其享有內部自治，他們的居民更喜歡自己的土地成為法國的省分，這和英屬安地列斯群島（千里達和托巴哥〔Trinidad and Tobago〕、巴貝多〔Barbados〕等）或是荷屬安地列斯群島的情況不一樣。此一抉擇可歸納於如下三個原因：首先，因為該地混血的歷史非常久遠，而且與黑人發生衝突的通常是黑白混血兒而非白人；其次，海地獨立的例子看在這些加勒比海地區前奴隸的眼裡已不再具有吸引力，因為海地是迄今為止整個群島各島嶼中處境最悲慘的；最後，如果這些非常法國化的島嶼享有自由，那麼就會受到美國支配，就像波多黎各、格瑞納達、巴拿馬一樣。一九一五年美國占領了海地，時間長達近二十年：海地人和其他加勒比海島嶼的居民對這件事都記憶猶新。

在南太平洋的新喀里多尼亞[6]，一九八八年米歇爾・羅卡賀（Michel Rocard）擔任總理時期承諾的公民自決投票也遲遲沒有實施。

- 我們可以將前蘇聯那些穆斯林共和國的蘇維埃化和法國殖民地的西化相提並論嗎？
- 可以，至少阿爾及利亞這個例子是可以的。蘇維埃化[7]導致各國地位的統一化，這相當於顛覆了國家認同的具體特徵。它曾引發人民強烈的反對：例如塔吉克斯坦人拒說俄語，還有伊斯蘭共和國中異族通婚的數量減少，在在都是最明顯的跡象。即使大多數的清真寺都被關閉，民眾仍暗地裡信奉伊斯蘭教，其宗教情感特別會在或多或少已世俗化的節日裡表現出來。不過，這些共和國中族群對立的情況並不如阿爾及利亞那樣嚴重，因為蘇聯的中央政權鼓勵每個共和國建立自己的國家機器以便管理地方的事務，而在阿爾及利亞這是不可思議的事。

6　編注：新喀里多尼亞為法國的海外屬地之一。二〇一八年十一月的獨立公投最終結果為不獨立，法國政府已同意其在二〇二〇年再次舉行獨立公投。

7　編注：蘇維埃化（Sovietisation）是指認同馬列主義的理念，對原有文化進行改造，產生對於蘇維埃體制認同感的過程。

5

辯護與譴責

- **在殖民母國中，人們是如何看待殖民現象的？**
- 殖民地主題的小說和電影深入廣大的讀者群和觀眾群，這些作品將意識形態的印記留在他們心中，並且傳播殖民事業的樂觀傳奇。早在十八世紀，丹尼爾・笛福（Daniel Defoe）的小說《魯賓遜漂流記》就已令那個迷途航海家教化「高貴野人」的神話永垂不朽。詹姆斯・菲尼莫爾・庫珀（James Fenimore Cooper）、約瑟夫・康拉德（Joseph Conrad）繼續秉持這種精神寫作，經常將他們的冒險家主人翁，將這些新時代英雄的事蹟置於殖民地中。當然還有朱勒・凡爾納（Jules Verne），他寫的小說就翻譯版本的數量而言在歷史上名列前茅。

在《格蘭特船長的兒女》（*Enfants du capitaine Grant*）[1]中，原住民阿勞肯族（araucana）的嚮導塔爾卡夫（Thalcave），正是智利南部「高貴野人」的寫照：「他莊重安靜，具有一份天生優雅，又帶著從容的傲氣以及審慎、奉獻的態度，也顯示出他在大自然中感受的愜意。」相反的，「壞野人」這些「人面獸」則經常出現在黑色非洲以及「韃靼人」的地域。至於尼摩船長[2]，他志在反叛世界的統治者，他希望向對抗英國人的印度人看齊，就像《蒸汽屋》（*La Maison à vapeur*）裡描寫的主人翁或是紐西蘭的毛利人，那些「抵抗入侵者的驕傲民眾」。對英國殖民統治體系的批評是朱勒．凡爾納作品的核心。

- **朱勒．凡爾納批評英國之作為的同時也捍衛殖民的原則？**
- 他認為「進步」勝過一切。而「民族自決」的權利，只有當民族也加入文明行列之時才配享有。朱勒．凡爾納在一八八一年的《亞馬遜漂流記》中寫道：「在盎格魯－撒克遜族的面前，澳大利亞人和塔斯馬尼亞人已經消失了，而印第安人最終也將消失，因為這是進步的法則。也許有一天，阿拉伯人也將在法國殖民統治之下被消滅。」

朱勒．凡爾納認為只有英國人才有的想法，事實上法國人也同樣有，包括「有些黑人根本就是野獸」的觀念。為了認清這一點，我們不妨重讀一下文學評論家朱勒．勒梅特（Jules Lemaître）於一八八七年描述我們今天所謂的「人種動物園」，也就是在殖民母國舉辦的「民族學的異國人種展覽」，這種殖民地展覽一直持續到一九三一年：

1　譯注：這部小說和《海底兩萬哩》、《神祕島》合稱「凡爾納三部曲」，此為第一部。

2　譯注：尼摩（Nemo）船長是《海底兩萬哩》中的主要人物之一。

> 本週沒有什麼新花樣。我只知道展覽園裡還在展示阿散蒂人[3]。這處園子十分迷人，小孩子很高興可以在那裡看到遊記故事中曾提到過的神祕野獸……為了讓他們參觀得盡興，我們又帶他們去參觀野蠻人。看到這些人的模樣，你實在很難給出什麼太高的評價……但你可能會問我，這些人究竟為何出生在這個世界上？好吧，我們姑且這樣說吧，阿散蒂人活著的目的就是將來有一天能為我們服務。

繼這類種族偏見的刻板印象，電影又以自己的方式接續，並且迅速普及開來。從發明以來，電影即根深柢固地烙印著殖民主義者的心態。

- **例如有哪些導演和哪些電影作品？**
- 法國導演讓．雷諾瓦（Jean Renoir）即為一例，即使他想忘記自己的那段過去也無法改變事實。在執導《馬賽曲》（*La Marseillaise*）之後，他於一九三八年藉著《觀點》（*Le Point*）雜誌的篇幅記下自己的回憶，但是絕口不提另外一件作品《北非內地》（*Le Bled*, 1929）。可以想見其遺漏的原因：因為這部影片是政府為慶祝併吞阿爾及爾一百週年而出資拍攝的宣傳片，而且影片一開頭便在讚揚法國的征服行動。它被視為「有用的殖民宣傳」(《法屬非洲》〔*Afrique française*〕雜誌，一九二九年五月號）……說實在話，在這段有關法屬阿爾及利亞的開頭場景中，最令人驚訝的竟然是幾乎看不到一個阿拉伯人。

此外，在雅克・費代爾[4]於一九三四年執導的《外籍兵團》（*Le Grand Jeu*）中也看不到阿拉伯人。當然，在一九三七年的《望鄉》（*Pépé le Moko*）中可以見到當地的城堡或宮殿建築，而在一九三五年的《走到世界盡頭》（*La Bandera*）中亦出現北非窮鄉的景色，但是那些都只是充當背景罷了。席爾薇・達雷（Sylvie Dallet）說得十分中肯：「拍攝殖民地，過濾掉殖民主義。」《走到世界盡頭》片中阿拉伯妓女的角色竟由法國女演員薇薇安・侯芒斯（Viviane Romance）飾演。美國人也這樣做：一九三七年《大地》（*The Good Earth*）中的年輕亞洲女子的角色是由露薏絲・雷納（Luise Rainer）[5]擔綱。

3 譯注：阿散蒂人（Ashanti people），迦納共和國的主要民族之一。
4 譯注：雅克・費代爾（Jacques Feyder, 1885-1948），比利時演員、編劇和導演，主要活躍於法國。
5 譯注：出生於德國的猶太裔美國電影演員。

- 好萊塢則以什麼角度來看待英國的殖民事業？
- 法國電影喜歡描繪一些遭社會摒棄、轉而到殖民地尋求翻身機會的人，而且像是賭窟或妓院才是朱利安・杜維維耶（Julien Duvivier）和費代爾等導演偏愛的場景。美國描寫大英帝國榮耀的電影作品，則喜歡將主人翁塑造成剛從牛津大學或劍橋大學畢業的年輕人，喜歡參加總督府的舞會，出入各俱樂部並且經常狩獵。亨利・哈撒韋（Henry Hathaway）、麥可・寇蒂斯（Michael Curtiz）的作品均屬此類。

在電影中，英國人之所以能行使權力，那是因為遵守英國法律的被殖民者已事先同意，相較之下，渴望權力的「原住民」暴君則專門欺壓那些受其掌控的人。為了突顯上述兩個系統之間的差距，那些好比幽默、冷靜、愛好運動等被視為純粹英國的特徵，以及被公認為純粹印度的特徵就被誇大。當地人可以區分為幾種原型：忠心耿耿型的性格（通常是小孩）是最受讚賞的，例如一九三九年的《古廟戰笳聲》（*Gunga Din*），有個年輕的印度僕人爬上一座塔，然後吹響號角以拯救被「印度謀殺教團團員」（thugs）囚禁的卡特（Cutter）警官，最終自己卻不幸罹難。

另一個特點也見證了這些電影的種族主義特色：作品中反覆出現希望自己能西化的「原住民」，然而這種心態雖獲英國人的認可，最終卻都無法實現。一九三六年的《英烈傳》（*The Charge of the Light Brigade*）所塑造的角色素拉汗（Surat Khan）即為一例。他在牛津大學讀書，又是一名優秀的板球運動員，但實際上卻心術不正，最終果真走上背叛之路。受過良好教育的原住民幾乎總是反派人物……值得一提的是，我們在這裡發現納粹反猶太主義的類似狀況：要嘛猶太人本性難移仍然是猶太人，並叫人瞧不起；要嘛他們願意現代化並融入德國社會，但是大家可要開始提防他們了。

- **電影對殖民事業的推崇其實非常負面……**
- 當然。另外還有一系列再現羅馬帝國偉大榮光的電影作品。因此，義大利導演喬瓦尼．帕斯特洛納（Giovanni Pastrone）一九一四年的作品《卡比利亞》（*Cabiria*）可稱為電影史上的第一部歷史鉅片：將對抗迦太基的西方世界加以美化，但是背後也可能與三年之前義大利征服利比亞的事件有關。在美國，拍攝關於羅馬帝國的電影也隱含一種意識形態，因為征服者代表的正是文明。

正如我們所看到的，將帝國合理化的心態已深埋在西方社會之中。

- 新聞界扮演了什麼角色？

- 它有助於將殖民行為的基本原理深植在輿論中。在發生危機或是殖民者遭到反抗而造成巨大衝擊時更是如此。然後，我們看到種族主義和仇恨的言論競相鳴放。例如，英國軍團中的印度兵於一八五七年在印度發動叛變，導火線是信仰印度教的士兵拒絕服從英國軍方要求他們以牙齒咬開塗有動物脂肪彈匣的規定，只有錫克教徒不覺得該規定是一種侮辱。叛變者的暴力行為引發英國以屠殺手段加以報復，並且造成後續難以控制的鎮壓。

我們不妨以稍長的篇幅引用《泰晤士報》一八五七年八月三十一日的相關報導，因為它同時表達了殖民者的憤怒以及他們重申的「教化」使命：

> 針對英國人人身暴力行為的新聞已在國內輿論界引發新的看法。以前，我們認為自己斷然不至於遭逢這種可怕的風險，因為我們受到比羅馬公民更高地位的保護。現在，我們知道以前的想法是錯的。這些施暴的人非常了解我們，徹底明白我們的威權、我們的優勢、我們的紀律，他們從我們的慷慨中受益，我們甚至將他們抬升到光憑他們自己是永遠達不到的水準。儘管如

此，他們竟然可以如此侵犯英國人的人身，摧毀每個英國人人身所具有的不可侵犯性，並且一頭栽進這種筆墨無法形容的殘暴深淵。……他們以前愈是卑賤順從，在他們主人的目光下愈是低下匍匐，如今他們的傲慢就愈不受約束。他們歡天喜地，沉溺於橫行之中，彷佛那是最強烈的肉慾經驗……

在這裡，我們目睹的是露出馬腳的印度教教徒，回歸真實本性的印度教教徒……他們甚至不具備一絲一毫的道德力量。他們的宗教徒具形式，他們的信仰是愚昧之見，他們的良心無法施展。

在俄羅斯，普希金（Pushkin）對高加索地區的切爾克斯人（Cherkess）也發表過類似的評論。

- 多粗暴啊……
- 沒錯！自從殖民時代結束以來，我們不斷聽見這樣的驚嘆：「我們一直都被蒙在鼓裡！」也就是說：「以前人們刻意隱瞞那些以教化之名所犯下的暴行和弊端。」

這種說法是錯誤的。當時人們並沒有刻意隱藏任何事情。

不信的話，我們只消翻閱第二次世界大戰前的歷史書籍或是像《畫報》（*L'Illustration*）那樣的雜誌就足夠了。我們看到在印度的印度教教徒被綁在大炮的炮口，阿爾及利亞的總督比若下令燒毀阿拉伯人的村鎮，或是我們的士兵嘲弄裝滿安南人人頭的袋子。

這一切我們都知道，然而殖民事業一再被解釋為「教化」的手段，因此那些暴力行為似乎也成了必要的過程。也就是說，目的可以證明方法的合理性。

- **既然真相一直未被隱瞞，那麼有沒有人挺身表達憤慨？**
- 反抗殖民主義的歷史與殖民歷史一樣古老。早在一五五二年，巴托洛梅・德拉斯・卡薩斯（Bartolomé de Las Casas）這位墨西哥恰帕斯（Chiapas）教區的主教就寫出了《西印度毀滅述略》（*A Short Account of the Destruction of the Indies*）。在揭發歐洲人對盧卡亞群島（〔Lucayan〕巴哈馬）和伊斯帕尼奧拉島（Hispaniola）所犯下的罪行之餘，他也設法證明印第安族和那些殖民者同樣都是人類，因此後者對於前者所施加的暴行無論如何都說不過去。那是反對殖民暴力的第一個偉大聲音。

說到對殖民行為的憤慨，這裡我想引用兩個在二十世紀初以法文寫成的有力文本，一個出自基督徒之手，另一個則否。後面這篇的作者是安納托．法朗士（Anatole France），一九〇六年一月三十日在一場抗議法國殖民行為之會議上所發表的演講：

我們清楚地知道，在非洲，在亞洲，不管在哪個民族居住的殖民地，都聽得到同樣的抱怨聲、同樣悲傷的尖叫聲傳向無動於衷的蒼天。唉！我們都知道這段久遠而恐怖的歷史。四個世紀以來，基督教國家彼此爭先恐後滅絕那些紅皮膚、黃皮膚和黑皮膚的種族。這就是所謂「現代文明」的真面目。白種人和黑種人或是黃種人交流的目的在於奴役或是屠殺他們。被我們稱為「野蠻人」的種族仍然只能透過我們的罪行來認識我們。不，我們當然不承認，在非洲這片不幸的土地上，我們這共和國會比哪一個王國或是帝國犯下更多的暴行。

幾年之後（一九〇九），萊昂．布洛伊[6]在《窮人之血》（*Le Sang du pauvre*）中寫道：

有時世間發生的事會教火山看了想吐。……只談法國的殖民地就好，若受害者可以尖叫，那將多麼嘈雜！

在那幾年之前，一八八五年七月三十日，喬治・克里蒙梭[7]就曾反對茹費理以經濟和人道主義做藉口的殖民行為：

你提倡的征服行動根本是將科學文明賦予的力量濫加在初級文明之上，以便占有其人力、折磨受統治者，一切都為了所謂「教化者」的利益而從對方身上榨取其力氣。這不是正道，是倒行逆施。如果稱這種事為文明，那就是在暴力上再加入虛偽。

- **除了表態抗議之外，歐洲還有反對殖民統治的實際行動嗎？**
- 有的，那是針對奴隸制度以及奴隸販運等殖民事業最可惡的手段所採取的實際行動。一七七〇年，雷納爾神父（abbé Raynal）祕密出版了《歐洲人在兩印度之機構與貿易的哲學和政治史》（*Histoire philosophique et politique des établissements et du commerce des*

Européens dans les deux Indes）。而在一七八八年，布里索[8]創立了「黑人之友協會」，其設定的目標如下：「當黑人享自由的時機成熟時」，必須中止奴隸販運這種「臭名昭著的貿易」，並且，在這一時刻來臨前，先為那些奴隸爭取較好的待遇。布里索的策略值得注意的是：他認為奴隸制度以及奴隸買賣的問題只能在國際的層次上解決。他與孔多塞[9]和西耶斯神父（Sieyès）一起支持由衛理公會在倫敦倡議成立、廣受各界歡迎的「廢除奴隸販運協會」。結果：在一七七二年的倫敦，首度釋放了一名黑人奴隸。

從那天起，儘管奴隸制度和奴隸販運仍繼續存在於英國的海外領土，不過已從英國本土消失，黑人和白人都享有平等的權利：住在那裡的一萬五千名黑奴都恢復了自由之身。一八〇七年，英國國會正式禁止販賣人口。此一風潮接著在各處興起。在法國，維克多・索爾雪（Victor Schœlcher）於一八四八年促成通過了廢

6　譯注：萊昂・布洛伊（Léon Bloy, 1846-1917），法國作家，信奉天主教，提倡社會改革。

7　譯注：喬治・克里蒙梭（Georges Clemenceau, 1841-1929），法國政治家，曾兩次出任法國總理。

8　編注：雅克・布里索（Jacques Brissot, 1754-1793），法國大革命過程中吉倫特派的領導成員。

9　譯注：孔多塞（Condorcet, 1743-1794），十八世紀法國啟蒙運動時期最傑出的代表之一。

除殖民地奴隸制度的法令。殖民者獲得政府的補償，而黑人以過度暴力爭取自由的過錯則被「赦免」。

- **社會主義運動對殖民行為的態度為何？**
- 社會主義者在十九世紀末暫時放下人道主義的動機，站在捍衛的工人階級利益的立場來考慮殖民的問題。一八八一年，法國的朱勒·蓋德（Jules Guesde）反對占領突尼西亞，因為據他說，這樣的作為只對資產階級有利。同樣，在義大利和德國，社會主義者認為只有社會上的各種「寄生階級」（包括軍人在內）才需要征服海外的土地。反對殖民地的擴張將有助於工業家和工人等「新興階級」。

第一個站在原住民的角度設法解決問題的，是住在爪哇的荷蘭人修伯特·范·高爾（Hubert van Kol）。他根據自己的所見所聞認為法國在突尼西亞推行的政治模式是最值得大家效法的榜樣，因為法國「維持當地傳統的組織制度」。

整體而言，這是第二國際[10]所倡導的「正面的殖民政策」。也有人認為，殖民事業有必要加以維持，因為只有資產階級發展得好，工人階級才有保障，但這觀點被列寧在一九一六年的《帝國主義是資本主義的最高階段》（*Imperialism, the*

Highest Stage of Capitalism）中加以批判。在他看來，殖民行為以及擴張政策都是資本主義天生固有的東西，因此必然要加以打擊。

英國人亨利．梅耶斯．亨德曼（Henry Mayers Hyndman）是唯一一位譴責所有殖民政策的社會主義者。他認為：「我們正在印度造成飢荒，以便滿足我們統治階級的貪婪。」印度人達達拜．納奧羅吉（Dadabhai Naoroji）曾在一九〇四年於阿姆斯特丹舉行的社會主義國際大會上，讓人聽見（可惜這種機會沒第二次）一個被殖民者的心聲。他主張以循序漸進的步調讓殖民地當地的人民實現自治。愛德華．伯恩斯坦[11]（Eduard Bernstein）反駁道：「這不就等於把美國還給印第安人了」，而他的意見是普獲贊同的。

•他們不要求解放殖民地的人民嗎？

10 譯注：第二國際（Second International），正式名稱是社會主義國際，一個由世界各國工人政黨組成的國際聯合組織。一八八九年在巴黎召開成立大會，通過《勞工法案》及《五一節案》，決定以罷工做為工人鬥爭的武器。其後因第一次世界大戰爆發而解散。

11 譯注：愛德華．伯恩斯坦（Eduard Bernstein, 1850-1932），德國社會民主主義理論家及政治家。

- 一九〇七年，在德國斯圖加特（Stuttgart）舉行的社會主義國際大會譴責了資本主義的殖民政策。一九〇六、一九〇八和一九一一年，當伊朗、鄂圖曼帝國青年土耳其黨、中國先後出現解放運動時，舉世皆感歡欣鼓舞。正如列寧所指出的，東方的覺醒擴展了反抗帝國主義之鬥爭的範圍，並且將國家問題和殖民問題連接起來。但當時歐洲戰爭即將爆發的威脅令這些問題退居次要地位。

  在兩次世界大戰之間的英國，工黨正積極爭取與印度的甘地達成協議；而在法國，社會黨人萊昂·布魯姆（Léon Blum）和莫里斯·維奧萊特（Maurice Viollette）於一九三六年與費爾哈特·阿巴斯談判，打算讓阿爾及利亞的穆斯林亦享有公民身分。他們提議在三年內結束對敘利亞和黎巴嫩的託管任務，但這項協議一直沒有獲得批准。

- 面對殖民地爭取獨立的運動，母國表現出何種態度？

- 第二次世界大戰之後當反殖民主義的論調再度出現時，巴黎當局仍未考慮被殖民者本身的主張。因此，在喀麥隆、馬達加斯加，特別是在阿爾及利亞爆發衝突時，動員起來為被殖民者說話的主要是律師，像是皮耶·史提博（Pierre Stibbe）以及賈克・韋爾熱（Jacques Vergès）等人。他們在法庭上控訴政府的政策以及鎮壓手段。這種反殖民主義運動所捍衛的是人權。《精神》（*Esprit*）雜誌譴責暴力、選舉中的造假伎倆以及法國人的種族蔑視心態。卡繆（Albert Camus）是數一數二最早反對對阿爾及利亞民族主義者施虐的人。

情況仍然沒有太大改變。從一九五五年開始，阿爾及利亞的知識階層覺醒了，並在政治上自我表現，這時，反殖民主義的形式以批判政府政策和戴高樂總統，或者採取第三世界主義的意識形態為主。在此必須強調的是，遲至一九六〇年九月才出現之著名的「一二一宣言」（Manifeste des 121）[12]中的觀點純粹是法國人的：

我們尊重拒絕拿武器對付阿爾及利亞人民的立場，而且我們也認為此一立

12　譯注：正式名稱為「在阿爾及利亞戰爭中有權表達不服從立場之宣言」（Déclaration sur le droit à l'insoumission dans la guerre d'Algérie），由法國知識分子、學者和藝術家簽署，並於一九六〇年九月六日於《真理－自由》（*Verité-Liberté*）雜誌上發表。該宣言將來自不同背景的人士聚集在一起，形成一種自由主義和相當左傾的精神，對於法國左翼和左翼的歷史十分重要。

場是正當的。有些法國人認為自己有責任以法國人的名義向被壓迫的阿爾及利亞人民提供援助以及保護，我們尊重這種立場，而且認為此一立場也是正當的。阿爾及利亞人民的奮鬥是促成殖民體系毀滅的決定性因素，這也是所有自由人應抱持的態度。

簽字簽在最前面的人包括沙特和西蒙・波娃，皮耶・維達爾・納蓋[13]、福杭西斯・讓松[14]、福杭索瓦・馬斯佩侯[15]、讓－皮耶・維赫南[16]、杰侯姆・林頓[17]、亞倫・雷奈[18]、茜蒙・仙諾[19]，而且並未要求任何一名阿爾及利亞人簽名……

唯一有阿爾及利亞人參與的、針對阿爾及利亞未來的普遍性政治計畫是由奧蘭的「阿爾及利亞兄弟會」發起的。該組織與《阿爾及利亞良心》（*Consciences algériennes*）雜誌關係緊密。這份由安德烈・曼杜澤（André Mandouze）創立的刊物主張穆斯林和基督教社區之間達成協定。一九五五年，阿爾及利亞兄弟會要求政府接見阿爾及利亞「所有政黨」的代表。本人時任此一運動的祕書長，並在《奧蘭共和報》（*Oran Républicain*）上發表了一篇文章，建議建立一個「居間主權」（inter-souveraineté），亦即由兩國共享的主權。這是攸關兩國未來的唯一計畫。除了極少數的例外，法國本土的知識分子階層雖然知道批評政府的政策，批評它鎮壓阿爾及利亞當地人的政治圈，但卻不知道民族主義者的主張以及阿爾及利亞問題的具體內容。

13 譯注：皮耶・維達爾・納蓋（Pierre Vidal-Naquet, 1930-2006），法國歷史學家。
14 譯注：福杭西斯・讓松（Francis Jeanson, 1922-2009），法國哲學家，因其在阿爾及利亞戰爭中對民族解放陣線的支持而著名。
15 譯注：福杭索瓦・馬斯佩侯（François Maspero, 1932-2015），法國作家兼翻譯家。
16 譯注：讓－皮耶・維赫南（Jean-Pierre Vernant, 1914-2007），法國歷史學家、人類學家。
17 譯注：杰侯姆・林頓（Jérôme Lindon, 1925-2001），法國出版商，子夜出版社（Les Éditions de Minuit）負責人。
18 編注：亞倫・雷奈（Alain Resnais, 1922-2014），法國知名導演。
19 譯注：茜蒙・仙諾（Simone Signoret, 1921-1985），法國第一位奧斯卡金像獎得主。

6
解放鬥爭的起源

• 什麼原因致使殖民地的抗議行為在某一時間點轉變成解放運動？

• 「曾幾何時，我們在自己的國家裡反而成了外國人」，這可能是印度的甘地、越南的范瓊[1]、亞利桑那州的墨西哥裔美國人、阿爾及利亞的民族主義者不約而同所表達的心聲。殖民地的人民從未接受歐洲人的到來。

解放運動可以革命的方式呈現：印度支那的「越南獨立同盟會」[2]就是如此。這也是一九一九年巴庫大會[3]的情況，因為大會期間，韃靼人蘇丹－加利耶夫[4]呼籲所有殖民地的人民團結起來，而且在他看來，這些都是被西方無產階級繼續利用的「無產階級民族」(proletarian nation)。

五十年後，利比亞的格達費再度採用這個概念，並賦予它一個阿拉伯的面貌。

宗教流派也參與了此一挑戰：基督教、伊斯蘭教、佛教還有民間傳說……

• 這裡所謂的「民間傳說」是什麼意思？

• 印加人以及阿茲特克人之所以屈服於西班牙人，那是因為他們相信後者的神性。但征服者的殘酷本性逐漸改變了他們看待對方的方式。原住民被沒收土地、強迫勞動、蒙受掠奪和死亡，他們被激怒後於是起而反抗，例如在一七八一年祕魯爆發圖帕克．阿馬魯[5]的起義，雖然最後以失敗告終，但其影響十分長久。

印第安人的憤怒至少表現在他們的民間傳說中。在安地斯山地區，農民每年都會聚集在村莊廣場上，重演《最後一位印加皇帝阿塔瓦爾帕之死》的悲劇。在祕魯和瓜地馬拉，還有一種「征服之舞」。他們並不是在重建歷史真相，而是在描述當地人民的這一段經歷。

從十六世紀開始，聖多美普林西比那些淪為奴隸的非洲人每年都要演出一齣又名「查理曼皇帝的悲劇」的戲劇作品《奇洛利》（*Tchiloli*）。印加民間傳說的核心主題是「暴力」，而《奇洛利》譴責的則是葡萄牙國王的不公不義。當然，查理

1　譯注：范瓊（Pham Quynh, 1892-1945），越南阮朝末期的文學家、民俗家、翻譯家和官員。

2　譯注：簡稱越盟，該會成立的目的是要帶領越南脫離法國的殖民統治，以及抵抗日軍的入侵。

3　譯注：由共產國際召集，第一屆東方民族會議於一九二〇年九月一日至七日在亞塞拜然首都巴庫（Baku）舉行，有來自三十七國代表參加。

4　譯注：米爾賽德．蘇丹－加利耶夫（Mirsaid Sultan-Galiev, 1892-1940），蘇聯共產黨高級幹部，也是俄羅斯穆斯林共產黨的創始人和領導者。

5　譯注：圖帕克．阿馬魯（Túpac Amaru, 1545-1572），新印加王國最後一位君主，曾率領印加人民與西班牙人對抗，最後兵敗遭到處決。一七八〇年，自稱圖帕克．阿馬魯二世的孔多爾坎基（Condorcanqui）帶領受壓迫的人民反抗西班牙殖民政府，被今日的祕魯人當作民族英雄之一。

曼從未去過聖多美，然而對於島上的居民來說，他代表了強行將他們擄至該處的人。劇中的查理曼必須審判自己那犯罪的兒子，但這個葡萄牙人當然總被無罪開釋。在最初犯下的那一樁罪之上又增添一系列其他的罪，而演員的服裝則跨越多個時代：十六世紀的士兵、十七世紀的主教、薩拉查[6]時代的官員……事實上，主人的兒子每個世紀都會大開殺戒，導致新的不公不義。這部戲劇實際上涵蓋了整部殖民史。

- **那麼，在地的宗教（例如非洲）又扮演何種角色？**
- 非洲各種宗教以及不同的神聖儀式都有助於先知角色的出現。我們在這裡所提的是「白人部落間」兩次戰爭（世界大戰）之前的時期。被統治者的宗教會借用千禧年主義（millennialism）的概念，建立世界末日的願景，也宣告白人終將離去。有時，那些宗教採用如海地巫毒教的神祕形式，比方神靈附體或是施咒儀式。在肯亞，有人會膜拜名為「木姆波」（Mumbo）的神祇，這神「有兩棟房子，一棟在陽光下，另一棟在湖中」。在莫三比克，據說女祭司姆布亞（Mbuya）與葡萄牙人交戰。

在非洲社會中，另一股抗拒殖民的力量來自於它在神話和歷史上的口頭傳統。當殖民者引進他們自己的歷史時，這種口述傳統的價值再度受到重視。恰卡國王[7]（一八一六至一八二六年在位）建立祖魯王國的半傳奇著名事蹟即構成了該傳統最重要的記憶。他的神話代表了團結非洲的第一次嘗試。

- **將非洲團結起來的嘗試，這也是對抗殖民的一股力量？**
- 當然。有人認為，非洲人民須團結起來方能打倒歐洲人的統治。一九〇〇年在倫敦舉行的泛非會議即觸發了這場運動。泛非主義主要出現在英語系的殖民地，並與各種獨立運動平行發展。早在一九二〇年，拉哥斯（Lagos）會議即已決定：「非洲聯盟未來的旗幟應該包括紅色、黑色和綠色，紅色代表它在歷史上所流的血，黑色是非洲人引以為豪而非自慚形穢的顏色，而綠色則代表希望。」一九五八年，第一屆非洲民族大會在迦納的阿克拉（Accra）召開。

6 譯注：薩拉查（Salazar, 1889-1970），葡萄牙總理、總統，該國迄今為止任職時間最長的總理，統治長達三十六年，實行威權主義。

7 譯注：恰卡・祖魯（Shaka Zulu, 1781-1828），非洲祖魯族首領，祖魯王國建立者。

但這種泛非主義可以追溯到更久遠的年代。它是奴隸販運和奴隸制度所引發的反動效應，並且根源於三角貿易的三個尖角上。首先是西非，更具體地說是黃金海岸地區（即未來的迦納），這是數一數二最活絡的奴隸供應地。第一篇由非洲人寫出之批評奴隸販運的文章早在一七八七年就出現了，作者是黃金海岸凡提（Fanti）族人奧托巴・庫瓜諾（Ottobah Cugoano）。除黃金海岸外，獅子山和奈及利亞也是黑人民族主義運動的搖籃。三角貿易的第二個尖角是十八、十九世紀之交廢奴鬥爭時代的英國，打擊販運人口的運動主要由基督教衛理公會所主導。第三個尖角在加勒比海地區，一六六一年巴貝多即已頒布第一部的「黑人法典」[8]。像海地那種大規模的革命尚未發生之前，巴貝多就已出現個人利用法律漏洞為自己爭取自由的鬥爭。

後來，一些海地人以及非裔美洲人將成為泛非運動的領導者。他們同樣也是「黑人文化與精神價值」（négritude）的頌揚者：從海地人杜桑・盧維杜爾到牙買加人馬科斯・加維（Marcus Garvey），再到馬丁尼克人[9]艾梅・塞澤爾（Aimé Césaire）和法蘭茲・法農（Frantz Fanon）都是。

- 剛才提到衛理公會的運動。宗教在這方面也發揮了重要作用？
- 教會，特別是衛理公會，一直陪伴獨立運動的進行。他們首先在黃金海岸，然後又在西非其他地區，幫助了歐化的黑白混血菁英或黑人菁英的產生。

但最引人注目的現象是：基督教被用作反殖民主義的工具。這個殖民者原先的武器如今卻反過來用以對付對殖民者：基督教難道不是宣揚人類平等？上帝難道對於子民不是一視同仁？如今擺在眼前的現實是一種以「最早開化之白種人的優越性」為名而公然遂行的不平等。

因此，起初大家（例如加彭的芳族[10]）認為白人是壞基督徒。在南非，制度

8 譯注：黑人法典（Code noir）亦即《巴貝多奴隸法典》，是殖民地英國立法機構通過的一項法律，旨在為加勒比海巴貝多島的奴隸制提供法律依據。該法典的序言指出，立法的目的在於「保護他們（奴隸），就像我們保護其他物品和動產一樣」，於是確定黑人奴隸將被島上的法院視為動產。該法典表面上保護奴隸免受殘忍主人的虐待，並且保障主人免受不守規矩之奴隸的反抗，但在實踐面上，它保護主人多於保護奴隸。法典要求主人每年為每個奴隸提供一套衣服，但沒有為奴隸的飲食、住房或工作條件設定標準，而且甚至剝奪了奴隸應受英國普通法保障之例如生命權在內的基本權利。它允許奴隸主人完全按照自己的意願去對待奴隸，包括毀傷他們的肢體或將他們活活燒死而不必擔心遭到報復。

9 編注：馬丁尼克（Martinique）位於加勒比海，是法國的一個海外大區。

化的種族隔離政策使非洲人信徒退出白人的教會，造成「黑人」教會的成倍增加。在比屬剛果發展出金邦谷教（Kimbanguism），這是以前浸信會傳教士西蒙・金邦谷（Simon Kimbangu）的名字命名的教派。自從一九二一年他被逮捕後，打破殖民枷鎖的考量已淩駕於從事宗教的動機之上。無論過去還是將來，「黃金時代」的神話都可能將那些與基督教相關的先知或彌賽亞的運動統合在一起。

整體而言，教會扮演了解放者的角色。首先，因為福音傳播的結果令一些個體從他們原本所屬的群體脫離出來，同時也撼動了傳統社會的基礎，並且破壞了其穩定性，而殖民行為正好相反，因為統治者為使任務更容易達成，反而會依賴舊結構。最後終於產生如下不僅適用於黑色非洲的實況：「當年，你手裡拿著《聖經》，而我們擁有土地……今天，你（殖民者）擁有土地而我們只剩下《聖經》……」

- **伊斯蘭教是否也是這些解放運動的一種推動力？**
- 伊斯蘭教是歐洲殖民者最恐懼的對象。但是，伊斯蘭教對黑色非洲的影響力並不像對從一開始它就扎根的地區那麼大。它在尼日的圖瓦雷克人（Tuareg）中扮演解放者的角色，甚至在索馬利亞也是如此，但是除在蘇丹以外，倒與民族主義沒有太多密切的聯繫。

這顯然是因為在非洲人的記憶中，阿拉伯的伊斯蘭教信徒甚至在歐洲殖民者到來之前就已在販賣奴隸了。所以伊斯蘭教所鼓吹的解放難道不是更換統治者的前奏曲嗎？在塞內加爾電影導演烏斯曼．塞姆班（Ousmane Sembene）一九七七年的作品《外來人》（*Ceddo*）中，女王在被迫嫁給那個欺壓她子民的伊瑪目時，最終決定掏出匕首將他刺死。奈及利亞北部和喀麥隆北部的人民今天是否處於這種兩難的境地呢？

在地中海周圍地區中，伊斯蘭教既是促成民族解放運動的力量（特別是在北非馬格里布），也是一股抑制的力量。有人認為，阿拉伯民族如想脫離鄂圖曼人獲得自由，那麼就需要先和宗教對抗，因為在敘利亞和黎巴嫩，鼓吹建國運動的是基督徒；至於埃及，穆斯林和科普特基督徒[11]應該共同榮耀伊斯蘭教傳入之前

10 編注：加彭（Gabon），位於非洲中西部的一個國家。芳族（Fang）為該國的主要種族之一。

11 編注：科普特人（Copts）是當代埃及的少數民族之一，公元一世紀時信奉基督教的古埃及人的後裔。

的祖國（Watan）歷史。伊斯蘭教所代表的另一個障礙是蘇丹（鄂圖曼的蘇丹），這個能左右信徒的角色一直存在到一九二四年阿塔圖克[12]廢除哈里發為止。

但在所有的宗教流派中，佛教在與歐洲鬥爭的各種力量中是最具實力的。

- **這在哪裡特別明顯？**

- 緬甸。那裡的僧侶負責教育百分之五十的兒童，而且佛教也與伊斯蘭教對立。上個世紀初，成為獨立運動領導者之一的佛教僧侶宇．歐塔瑪（U Ottama）曾對日本兒童所接受的教育以及印度跨文化詩人泰戈爾（Rabindranath Tagore）的教誨著迷。

至於印尼，佛教和伊斯蘭教也在現代化的商業世界中相互競爭。大家都在等待先知佐格羅阿米諾多（Tjokroaminoto）預告之「正義王」的來臨。佐格羅阿米諾多的女婿、將成為印尼獨立後第一任總統的蘇卡諾（Sukarno）發起了一個社會民主的、現代主義的和民族主義的運動，其口號是：「將來能為我們帶來獨立的，不是莫斯科的特使或是伊斯蘭教的哈里發。」

- **在印度，印度教是否啟發了解放運動？**

- 在印度，推動獨立的力量是不同的。甫誕生的民族運動從一八五七年印度兵的暴動中汲取教訓。該暴動是否因為組織不完善才以失敗收場？是不是應該改變方法？

在印度兵的暴動發生過後，英國王室開始行使帝國權力。印度城市裡那些受西方理念影響的新興階層代表（律師、工業家）都對英國政府充滿希望。民族主義領袖尼赫魯[13]表達了這種在一九一〇年代感受到的矛盾情緒：

> 儘管我對於住在印度的外國主人及其行徑十分不滿，但是我對於做為個人的英國人卻絲毫沒有怨恨。在我內心深處，我反而是欽佩這個民族的。
>
> 英國統治印度最顯著的特徵之一是，它對這民族造成的一些最大禍害都被包裝成憑空而降的善行：鐵路、電報、電話、收音機以及其他東西都廣受歡

12　編注：穆斯塔法．凱末爾．阿塔圖克（Mustafa Kemal Atatürk, 1881-1938），土耳其共和國第一任總統，讓土耳其成為現代化和世俗主義的國家，包括減少伊斯蘭教對政治及教育的影響。

13　編注：賈瓦哈拉爾．尼赫魯（Jawaharlal Nehru, 1889-1964），印度獨立後第一任總理。在印度獨立運動中扮演著關鍵角色，同時被甘地信任而得以成為他的繼任者。

迎。這一切都已變得不可或缺，而且我們對於英國能為我們帶來這些東西也都非常感激。但是，我們絕對不能忘記：他們主要的目的是在我們的土地上強化不列顛帝國的統治效率，以便布下更嚴密的控制網絡，並為英國的工業產品開闢新的市場。

因此，對於印度民族主義者來說，毫無疑問，他們的國家為了英國的利益而不斷失血。這一點正是他們鬥爭的基礎。就在殖民當局加強對「煽動者」的鎮壓時，聖雄甘地於一九一九年三月二十三日發出呼籲：「願印度全體人民暫停一切活動，並且祈禱、禁食二十四小時。」四月六日，整個印度都響應了徹底禁食的建議。英國警察開槍。於是，甘地正式在民族運動中起了帶頭作用。從那時起，印度開始進行公開的、持續的、頑強的鬥爭。

- **為什麼在眾多獨立運動的領袖中，唯獨甘地能對歷史產生重大的影響？**
- 首先是他的人格特質。尼赫魯曾寫道：「甘地流露一種王者之風，能讓別人心甘情願地服從他。」

其次，甘地是「非暴力運動」的靈魂人物。如下是他為該運動辯護的文字：

積極形式的「非暴力運動」意謂：懷著清醒以及甘願心情受苦。這不是逆來順受任由邪惡分子擺布，而是讓靈魂徹底甦活起來，以反抗暴君的意志。如讓我們的心靈的這個律法發揮作用，單一個人就能抵抗整個不義統治的粗暴力量，同時還能保全自己的的榮譽、宗教、靈魂，並為壓迫性質帝國的崩潰預作準備。我不是要求印度因軟弱而採取「非暴力運動」，而是懷著對自身力量的充分認識而奉獻其中。

這種策略果然奏效。藉由齋戒、藉由數度進出監獄，甘地逼得英國人不得不為印度起草一部憲法。

甘地和尼赫魯的運動是印度的、民族主義的，而且還是宗教的、印度教的。昔日曾統治過印度的穆斯林拒絕參與任何聯合行動，因為這種行動可能使他們退居少數族群地位，可能使那些早年受其統治的奴隸搖身一變成為其統治者。英國人非常了解這種情況。當西北部爆發動亂時，他們決定站在穆斯林這一邊。

甘地願意做出一切得以團結穆斯林勢力的讓步措施。他設法使所有印度人都團結起來，並且防止英國人再度訴諸暴力。平民的非暴力反抗怎樣才能收效呢？他想到停止支付鹽稅的方法，尼赫魯日後稱這辦法為「高招」，因為不管印度教徒或穆斯林，人人都得用鹽。此一運動最終促成一九四七年的印度獨立。

- 印度支那的情況完全不同，因為它在「越南獨立同盟」的領導下掀起了一場革命型的解放運動。該同盟在什麼時候開始於法國殖民地進行戰鬥？
- 胡志明很快確立了自己做為獨立運動領導人的地位。他是具有列寧傾向的馬克思主義信奉者。他這立場站得比任何法國共產黨人都更堅定（至少早期階段的確如此）。然而，由於他曾在法國工作並且積極活動，所以對法國具有相當的好感。他反抗的只是殖民主義。一場受共產主義啟發的罷工行動在一九三〇年上路了，同時由民族政黨發動的武裝起義也在「越南！越南！」的口號聲中登場。

但是，從一九三二年起的鎮壓行動卻打斷了解放運動的脊梁。革命分子以及民族主義者都失敗了。這時，法國當局認為應當趁這機會恢復安南王室的權力，並且依賴天主教和改革派的力量。面對德國和日本法西斯主義擴張的威脅，共產黨人則支持「人民陣線」[14]的策略，優先考慮打擊法西斯主義。

一九一四至一九一八年的第一次大戰期間，摩洛哥、阿爾及利亞和塞內加爾的步兵都曾為法國效勞，這都歸功於第一位在一九一四年被選入法國國會擔任議員之黑人迪亞尼的動員。戰後，眼見殖民母國忘恩負義，不思改善上述派兵地區的處境時，他們都覺得十分酸楚。然而到了一九三九年仍有六萬人參軍，一九四四年有二十三萬三千人（儘管在阿爾及利亞的一些地區有百分之三十的人不肯接受徵召）。當時本・貝拉[15]也以下士的身分遠赴義大利打仗。另外，法屬西非動員了四萬二千人，法屬赤道非洲和喀麥隆出兵二萬二千八百人，馬達加斯加出兵二萬七千人。

戰後，法國再度擺出忘恩負義的態度。接下來發生的事我們就不難猜到了。

• **第二次世界大戰對獨立運動的影響是什麼？例如，法國殖民地人民是否在德國擊**

14　譯注：二十世紀上半葉戰間期法國出現的一個左翼政治聯盟，於一九三八年瓦解。

15　譯注：艾哈邁德・本・貝拉（Ahmed Ben Bella, 1916-2012），阿爾及利亞軍人、革命家及政治家，民族解放陣線領袖，一九六二至一九六五年任阿爾及利亞總統，被喻為阿爾及利亞的國父。

敗法國的時候，以一種有人幫忙報仇的心態看待此事？

- 事實上，法國占領者被德國打敗一事特別令北非人印象深刻。今天我還記得自己曾在摩洛哥遇到的小插曲：在戰爭結束後，我開著一輛四匹馬力的車載著妻子和小嬰兒來到菲斯的城門口。一大群當地的小孩包圍我們，為的是要欣賞這輛一口氣從奧蘭開到菲斯的小車。他們驚呼道：「德國車，是德國車！」我回答道：「不對，是法國車。」他們失望地散去了。

但是，我們也不要太誇大北非人民的反應。讓我們把時間拉回一九四二年年底盟軍登陸北非後的那段時間。德國人成功借道突尼西亞去與隆美爾將軍的軍隊（當時正和英國人在利比亞作戰）會合。正如德國電影檔案館所藏之《德國新聞片》（*Die Deutsche Wochenschau*）所呈現的那樣，當地人民都欣喜若狂地接待他們。然而就在德國勢力似乎從未如此所向無敵之際，突尼西亞民族主義領袖哈比卜·布爾吉巴（Habib Bourguiba）卻警告他的同胞：

> 「法國戰敗是神對於它的懲罰」、「法國統治已經結束」或是「軸心國的這次勝仗就已保證我們得以獨立」，諸如此類地天真想法已根深柢固存在許多

人心中，而且這種現象不難理解。好吧，讓我告訴你們，這是錯的，錯得離譜，錯得不可原諒。

這種意見勇敢地反駁了主流的觀點，揭示出法國統治下殖民地人民的困境，以及德國和日本的勝利為英國或荷蘭統治下殖民地人民所造成的兩難局面。我們在印度、印尼、印度支那以及法國國旗飄揚下的殖民地（無論它受維琪政權或是戴高樂政權管轄）也看得到類似的現象。

- **有人認為德國人或日本人會讓他們獨立嗎？**
- 有人可能真的如此認定。一九四一年四月六日，德國入侵南斯拉夫並向希臘宣戰，十八日，伊拉克在拉希德・阿里[16]的支持下起來反抗英國，而且拉希德・阿里很快就獲得德國人的幫助。耶路撒冷的伊斯蘭教教法說明官穆罕默德・亞明・侯賽尼[17]也選擇向德國陣營靠攏。他於一九四一年在柏林會晤希特勒時告訴

16 譯注：拉希德・阿里（Rachid Ali, 1892-1965），伊拉克政治家，三次出任伊拉克王國首相。身為一名阿拉伯民族主義者，他曾試圖將英國勢力從伊拉克清除出去。

對方：「阿拉伯各國都堅信德國將能贏得戰爭，而且這些國家的事務也將因此改善。」他說自己不僅準備好多多進行破壞行為，並且為了建構偉大的阿拉伯世界而成立阿拉伯軍團：「你們德國人和我們面對的難道不是英國人、猶太人、共產黨人等共同的一批敵人？」

根據賈克・蘇斯泰勒（Jacques Soustelle）的說法，在大馬士革：「人們已經著手縫製由敘利亞一些遠見人士所訂購的萬字旗。」一九三六年萊昂・布魯姆政府所簽署之承諾敘利亞和黎巴嫩獨立的條約遲遲未被批准，這使法國人的名聲更加敗壞。後來英國－戴高樂的聯合勢力占上風，不過戴高樂只打算在敘利亞和黎巴嫩維持法國的支配地位。先穩住這些地方，以後再談兌現一九三六年承諾的事。一九四一年六月八日，卡特魯將軍宣布「自由法國」[18]終止託管任務（「你們將獲得主權並且獨立」）。在這種條件下取得的獨立地位並無法獲得各方承認。

- 在法屬馬格里布，獨立運動的領袖是否採用了耶路撒冷的伊斯蘭教教法說明官穆罕默德・亞明・侯賽尼之意見？
- 在阿爾及利亞，民族主義的各領袖倒是懷著善意看待維琪政權的一些政策（例如暫時中止一八七〇年頒布的授予阿爾及利亞猶太人法國國籍之《克雷米厄法令》），並且頻頻向貝當[19]表示忠誠。他們服膺甘地的非暴力運動以及查爾斯・莫拉斯[20]的民族主義，甚至推崇土耳其的世俗領袖阿塔圖克。費爾哈特・阿巴斯和布爾吉巴一樣，都寄望於戰後美國人的作為。羅斯福總統明確表明了其反殖民主義的立場，而且一九四一年八月的《大西洋憲章》更特別肯定了各民族選擇其政府形式的權利。或許因為美國人在北非戰勝軸心國的事實讓他們對美國人抱有幻想……

因此，一九四五年之後，失望的阿爾及利亞人和突尼西亞人將彼此更密切地

17 譯注：穆罕默德・亞明・侯賽尼（Mohammed Amin al- Husseini, 1897-1974），巴勒斯坦民族主義者和宗教領袖。一九四一年參與伊拉克親德政變失敗後，流亡德國與納粹黨合作，曾提議在德軍占領中東後滅絕巴勒斯坦全部猶太人，亦協助德國親衛隊招募穆斯林成員。

18 譯注：自由法國（France libre）為戴高樂在英國所建立的流亡政府。一九四一年，任總指揮的卡特魯（Georges Catroux）以自由法國運動的名義承認敘利亞的獨立。

19 編注：亨利・菲利普・貝當（Henri Philippe Pétain, 1856-1951），法國陸軍將領、政治家。因擔任維琪政府總理時向入侵法國的納粹德國投降，被視為叛國者，終身監禁。

20 譯注：查爾斯・莫拉斯（Charles Maurras, 1868-1952），法國作家、政治家、評論家，也是「法國行動」（Action Française）的組織者。

團結在阿拉伯世界中：至少在這個地區，獨立運動已經向法國方面取得了一些成就。

7

獨立運動：戰爭或談判

- **第二次世界大戰之後，北非馬格里布、中東和亞洲的獨立風潮最終取決於軸心國和同盟國之間的戰爭結局嗎？**

- 的確如此。但首先要說到義大利和日本，這兩國殖民事業的結束並非因為殖民地人民的起義，而是因為殖民母國在一九四三至一九四五年的軍事潰敗。義大利失敗後，利比亞、衣索匹亞、索馬利亞獨立，羅德島歸還希臘。

在日本方面，珍珠港事件（一九四一年十二月）之後那一連串令人目不暇給的勝仗創造出一波又一波的衝擊。他們引發的撼動超出當年西方所統治的亞洲範圍。事實上，除了日本的成功之外，殖民者所受的羞辱也使殖民地的人民相信，白人支配世界的時代已經一去不復返了。

日本新聞刊出了一九四二年二月英國白思華（Percival）將軍在新加坡簽署投降書時精神萎靡的照片。另一個叫人不忍直視的場景，則是日軍在一九四一年占領菲律賓之後逼迫美軍投身的「死亡行軍」。被日軍關押在婆羅洲山打根－蘭瑙（Sandakan-Ranau）戰俘營的二千五百名荷蘭人和英國人中，最終只有六名倖存下來，而被迫在緬甸從事苦役的六萬名戰俘中，死亡人數亦高達一萬二千人。

於一九四五年夏天抵達越南的商業經紀人路易・佛須耶－馬尼楊（Louis Fauchier-Magnan）講述日本人如何在當地造成前所未有的恐懼：「一萬五千名飽受驚嚇的法國平民困守家中」，還有四千至五千名法國士兵被囚禁在與外界完全隔絕的孤立狀態中。

最後，在核彈尚未投到廣島和長崎、日本尚未投降之前，該國已先投下自己的「震撼彈」：宣布其所占領並且控制的西方殖民地（印度支那、馬來西亞、荷屬東印度）獨立，這是個不可逆轉的事件。

只有印度是在日本沒有介入的情況下獨立的。

- **什麼因素促使英國接受印度的獨立？**
- 一九三九年，英國在沒有徵詢印度人意見的情況下宣布印度向德國宣戰，此舉被當地人視為「殖民主義者的挑釁」，不但激起所有社群的憤怒，而且造成許多事端。必須答應印度獨立。

但在實現承諾之前，英國必須解決印度教教徒與穆斯林之間的對立。事實上，正如前文所說的那樣，在印度兵暴動事件發生之後，英國殖民地當局開始依靠穆斯林來牽制印度教教徒。拉攏少數群體一向是殖民政策的一個特點。因此，在摩洛哥和阿爾及利亞，法國人很樂意地打起柏柏爾牌以及卡比勒牌，以對付大城市中阿拉伯化程度較深的居民。對伊斯蘭教的不信任正是這種策略必然的結果。在印度支那，法國政府為了更利於統治，因此採取離間族群的辦法，讓柬埔寨人敵視安南人，讓安南人敵視華人。

我們回到印度這邊。當年印度的資產階級已經發展起來，他們開始揮起團結印度各族群的大旗。因此，倫敦支持創立於一九〇六年的「穆斯林聯盟」[1]以反制「國大黨」[2]。英國還為印度打下了議會制度的基礎，除了印度教教徒的多數以外，穆斯林、錫克教徒和帕西人（Parsis）也有代表。在甘地、尼赫魯和鮑斯[3]的支持下，國大黨邀請穆斯林加入，但是阿里．真納[4]領導的「穆斯林聯盟」反對：因為穆斯林只是該國的少數族群，不願因此被吸收。此外，甘地的方法（例如非暴力運動）主要也是從印度教汲取靈感的。

面對這種似乎無解的情況，在一九四七年八月的獨立前夕，英屬印度總督蒙巴頓勳爵（lord Mountbatten）邀請國大黨和穆斯林聯盟為國家分治（印度／巴基斯坦）預做準備。分治訂於一九四八年六月開始，人口的遷移可在緩衝期內進行。估計有一千萬至一千五百萬人流離失所，三十萬至五十萬人死於暴力：伴隨分治而來的可謂是真正的種族清洗。無論對英國王室的態度如何，貴族、錫克教徒、賤民階級都被犧牲掉了。喀什米爾因為其君主是印度教徒，而大多數臣民均為穆斯林，於是成為印度和巴基斯坦之間的角力場，衝突至今仍未歇止。

印度獨立的那一年，甘地被一名印度教的極端分子暗殺身亡，他指責甘地斷送了完整統一印度的理想。該刺客[5]隸屬於印度人民黨（Bharatiya Janata Party）前

1　譯注：全印穆斯林聯盟（All-India Muslim League），成立宗旨是在印度次大陸以武力建立穆斯林國家。

2　譯注：印度國民大會黨（Indian National Congress），創建於一八八五年十二月，由於激進的主張遭到英國殖民當局反對，開始轉向反對英國殖民統治、爭取印度獨立為目標。

3　譯注：蘇巴斯・錢德拉・鮑斯（Subhas Chandra Bose, 1897-1945），生於英屬印度孟加拉，律師與政治人物，參與印度獨立運動，為自由印度臨時政府的領導人，以及印度國民軍的最高指揮官。

4　編注：穆罕默德・阿里・真納（Muhammad Ali Jinnah, 1876-1948），英屬印度和後來巴基斯坦的政治家。巴基斯坦第一位總督。

5　作者注：他與拉瓦萊克（Ravaillac）的類似程度令人驚奇：拉瓦萊克由於敵視《南特敕令》（一五九八），便刺殺了廣受人民愛戴的君主亨利四世。事實上，這名狂熱分子的黨派後來在一六八五年撤銷了這項敕令。在印度和法國的這兩種情況下，歌頌統一的、強大的、中央集權的「國族小說」都將這類刺客視為具有「真知灼見」。

身的組織，該黨曾於一九九六至二〇一四年間取代國大黨取得印度的執政權。

- **在印度支那，日本宣布該地獨立的後果是什麼？**
- 在戰爭期間，胡志明選擇與美國和蘇聯結盟以對抗日本。他的觀點不但是民族主義的，也是馬克思主義的、革命的。他不能滿足於僅對「法西斯維琪政權及其日本盟友」戰鬥，他還需要幫助戴高樂主義者，因為後者願意與共產黨結盟，以便戰勝共同的敵人後對法國的政權加以改造。

一九四五年九月二日，胡志明先在名義上宣布獨立，但實質的獨立仍然有待爭取。既然他是共產主義者，而且巴黎政府中也有共產黨人，那麼妥協似乎是可行的。以政府名義前來善後的讓．聖特尼[6]和勒克萊爾（Leclerc）將軍目睹該地已完全被民族主義的思潮征服，而且還恢復了暴動行為，他們便設法採取妥協辦法。一九四六年三月六日，聖特尼和胡志明簽署協議，準備讓越南以「自由」（〔libre〕當時並不使用「獨立」〔indépendant〕一詞）國的身分加入印度支那聯盟，只是交趾支那[7]地區未包括其中。

胡志明語帶哽咽地告訴他的人民：「不，我沒有背叛你們。」但不久之後，巴黎方面處理印度支那的態度就彷彿沒有發生過第二次世界大戰似的，彷彿法國不曾吃過敗仗、日本從未占領該地，而且越南也未二度宣布獨立、人民也未訴諸暴動似的……統轄五片領土的機構「印度支那聯邦」又恢復了，由一個高級專員負責掌理，當局同時決定否認越南的存在。最後，雙方都無意遵守一九四六年三月六日的協議。危機一觸即發。

一九四六年六月一日，當法國於宣布建立交趾支那自治共和國時，連鎖效應便產生了。在南部，「越南獨立同盟」以恐怖攻擊的手段對付那些支持與法國達成協議的人。在北方，瓦盧伊（Valluy）將軍抓住機會對海防市實施轟炸，造成數千人死亡。一千二百名法國人遭到攻擊，四十人被殺。一九四六年十二月二十一日，流亡的胡志明政府呼籲發起全國性的暴動。他解釋道：

這將是老虎和大象之間的戰爭。如果老虎停下來，大象就會用威力強大的

6 譯注：讓．聖特尼（Jean Sainteny, 1907-1978），法國政治家，在第二次世界大戰結束後被派往越南，以接受日本軍隊的投降，並設法將越南重新納入法屬印度支那。

7 譯注：即南圻，指位於越南南部、柬埔寨東南部的地區。

牙刺死牠。但是老虎不會罷休，牠白天蹲在叢林中，只在晚上行動。牠會衝向大象，從對方的背上撕下一大片又一大片肉，然後躲藏起來。大象將會慢慢死於疲憊以及失血。

- **那麼法國這頭「大象」果真精疲力竭死了？**
- 沒錯，而且死得很快。政治環境和戰爭的性質發生了變化。毛澤東在中國贏得競賽，「越南獨立同盟」從此可以依靠中國。

隨著冷戰開始，侯貝．舒曼[8]的外交技巧說服美國人，強調法國在印度支那並非發動殖民戰爭，而是打擊共產主義。此舉確保法國獲得大筆借款，但也使獲益者堅持戰爭應繼續打下去（即所謂的「皮阿斯特醜聞」〔scandale des piastres〕）。一九五四年皮埃爾．孟戴斯．弗朗斯（Pierre Mendès France）被任命為政府首腦時，戰爭已持續超過六年。他承諾道：「如果一個月內無法戰勝，那就抽身。」考諸歷史，從未有人發過這種豪語。孟戴斯．弗朗斯則開始同時與越南人、中國人和美國人成功展開談判。

一九五四年五月七日，法國人在奠邊府（Dien Bien Phu）投降。七月分達成《日內瓦協定》，其中規定越南以北緯十七度線做為南北越之間的臨時分界線，每一邊都受各自的非軍系政府治理。這是對北越獨立之事實上的承認。協定規定必須在一九五六年之前舉行全國性的自由選舉，但這規定只是流於空談。

當時，美國人在韓國成功地遏制了共產主義的擴散。於是，他們現在可以自在地將注意力放回印度支那。第二次越南戰爭開打了。

- **總之，法蘭西帝國的堡壘已被打開一個缺口？**
- 印度支那戰爭讓突尼西亞和摩洛哥的民族主義領袖意識到法國政府無能的一面。

在突尼西亞，武裝鬥爭被組織起來了，而摩洛哥也爆發嚴重的事變。一九五四年，孟戴斯・弗朗斯因考量到本國「過去所犯的錯誤」，決定宣布突尼西亞開始內部自治，這是它邁向獨立的最後一步，而突尼西亞總督朱恩（Juin）將軍也同意這項決定。這個效應蔓延到阿爾及利亞。

8　譯注：侯貝・舒曼（Robert Schuman, 1886-1963），法國政治家，曾擔任法國總理和外交部長。

• 阿爾及利亞於是陷入動盪時期？

• 一九四五年五月一日和五月八日在賽提夫（Sétif）和蓋爾瑪（Guelma）兩地的示威遊行結束時，群眾將「釋放梅沙利」（梅沙利・哈吉〔Messali Hadj〕是「阿爾及利亞人民黨」〔Parti du peuple algérien〕的主席，於一九四一年被判強迫勞動）的口號喊得震天價響，此即第一次事變的導火線。此事引發約五萬人參與的部落叛變，而法國則派出包括空軍在內的軍隊加以血腥鎮壓，結果導致數千人死亡（確切數字可能永遠無法獲知）。一九四七年，巴黎給予阿爾及利亞新的地位，特別是創建了一個由「雙選舉人團」（double college）選舉產生的阿爾及利亞議會：阿爾及利亞一百萬法國人可以選出的議員與穆斯林所選出的一樣多（然而後者的總人口卻是前者的八倍）。

一九五四年春天，法國人在奠邊府的失敗證明了被殖民者的武裝鬥爭可以贏得勝利。十一月，「民族解放陣線」成立後便籌劃了多次同時發生的攻擊事件。

面對這種恐怖攻擊的浪潮，法國當局依然拒絕將其視為民族運動所表達的心聲。曾有一位牧師如此回答阿爾及爾大學教授安德烈・曼杜茲（André Mandouze）：「如果荒謬的訴求造成社會的混亂，那麼就用機關槍回應吧！」當年也有人如此回應時任內政部長法蘭索瓦・密特朗（François Mitterrand）任期一九五四至一九五五年）的辦公室主任皮耶・尼古拉伊（Pierre Nicolaÿ）：「談什麼乾淨選舉，天大笑話，如果不辦選舉，根本就不會有政治問題！」。密特朗後來解散了「民主自由勝利運動」[9]，而在首府阿爾及爾的那些捍衛法國在阿爾及利亞利益的人開始敦促當局實施鎮壓。一九五四至一九六二年間的二百二十二次死刑中，有四十五次是在密特朗內政部長任內執行的。

而在「民族解放陣線」這邊，該組織也曾在邁盧扎（Melouza）處死先前同意土地改革政策並從殖民地政府接受土地的農民。一九五五年八月二十日，在君士坦丁發生了針對殖民者和費拉（Fellahs）[10]的大屠殺：一百七十一名歐洲平民遇害，而所謂的「原住民」中則有將近一萬人遇害。先前是殖民者阻礙了改革，如今「民族解放陣線」又令改革無法推行。

9　譯注：民主自由勝利運動（Mouvement pour le triomphe des libertés démocratiques，簡稱MTLD），成立於一九四六年十月以取代被禁止的「阿爾及利亞人民黨」的政黨，仍以梅沙利・哈吉為其主席。

10　譯注：北非小片土地的擁有者。

一九五六年初，基・莫雷（Guy Mollet）在巴黎籌組了一個名為「共和陣線」（Front Republican）的聯合政府，其所推出的計畫旨在符合各方的共識：停火、選舉、談判。然而為時已晚。「停火」：這等於把叛亂分子視為戰士，阿爾及利亞的法國人萬萬不能接受。「選舉」：表面嘉惠阿爾及利的當地人，實則是阿爾及利亞的法國人獲益，自從推出「雙選舉人團」的制度後，阿爾及利亞的民族主義者根本嗤之以鼻。「談判」：對恐怖分子來說，唯一的回應就是戰爭。

所以，只剩戰爭一途可走。

• 獨立似乎是不可避免的？

• 然而，阿爾及利亞的法國人（在戰爭結束時開始被稱為「黑腳」）的看法不是這樣，他們大部分人仍贊成母國出兵進行武裝干預。「民族解放陣線」也不再期待透過談判解決問題，並且要求解散自己無法控制的組織，也就是梅沙利・哈吉的「阿爾及利亞民族運動」以及阿爾及利亞共產黨……這是歷史上的特例。

從一九五六年一月一日至九月三十日期間，民族主義者彼此之間共發生六百一十八次的攻擊事件，更不用說一九五七年三月在邁盧扎有三百名忠於梅沙利・

哈吉的穆斯林慘遭殺害。這裡應該指出的是：後來支持阿爾及利亞獨立的知識分子開始靠向「民族解放陣線」，而不是「阿爾及利亞民族運動」，因為後者被認為過時，而且阿拉伯－伊斯蘭的色彩過於濃厚。他們直到後來才真正睜開了眼睛。「民族解放陣線」同時獲得納瑟[11]的支持，而這也造成另一種撕裂，因為「阿爾及利亞民族運動」的一些代表指它讓阿爾及利亞冒著被埃及殖民的危險（埃及當年懷抱著復興偉大阿拉伯國的美夢）。

在軍事行動方面，一九五七年秋天，馬許（Jacques Massu）將軍在阿爾及爾之役中戰勝，傘兵部隊占領了卡斯巴（Cashbah），這是「民族解放陣線」的一大挫敗。戰事並未停止蔓延，在該國東部與突尼西亞邊境上的「莫里斯防線」（la ligne Morice）並沒能阻止武器從突尼西亞源源不斷送到阿爾及利亞戰士的手中。

巴黎將阿爾及利亞戰士得以生根茁壯的事實歸咎於納瑟。納瑟在國際外交的層面上的動作尤其明顯，因為在一九五五年的萬隆會議[12]和聯合國會議上，他都策劃了反對法國的行動。一九五六年七月，埃及在美國和蘇聯的聯合干預之下得

11 譯注：賈邁勒・阿卜杜勒・納瑟（Gamal Abdel Nasser, 1918-1970），埃及第二任總統，被認為是歷史上最重要的阿拉伯領導人之一。他在執政期間曾是阿拉伯民族主義的倡導者。

以將蘇伊士運河收歸國有，此舉令英、法、以色列的聯合勢力退出該地。這對法國而言又是另一次羞辱……

巴黎先後幾個內閣不得不以總辭收場。對於信譽掃地的法國第四共和國而言，一九五八年五月重用戴高樂無異於一場自殺行動。戴高樂將軍打從內心深處認為，這塊殖民地與母國的分離無可避免，頂多只能形成一種聯邦關係。他後來他向亞倫・貝赫菲特[13]解釋道：「我不得不耍點花招。」在阿爾及爾盛大的歡迎會上，戴高樂一開始致詞時就拋出：「我理解各位，」然而接下來的那一句卻被幾千個「黑腳」的歡呼聲掩蓋過去，以至於誰也沒聽清楚。「在這個國家中，從今以後只會有純粹的法國人。」這恰恰是阿爾及利亞的法國人從來不願接受的事。在莫里斯・沙勒（Maurice Challe）、拉烏爾・薩朗（Raoul Salan）、馬許等將軍的帶領下，戰爭仍繼續進行。一九五九年九月十六日，戴高樂建議舉辦公投，讓阿爾及利亞的人在「法國內地化」、「與法國結成聯邦」以及「完全脫離法國獨立」等辦法之間自由選出一項……

脫胎自「民族解放陣線」的「阿爾及利亞共和國臨時政府」（GPRA）同意在新的基礎上與法國進行談判。主張阿爾及利亞將仍是法國領土的人認為自己被出賣了。騷動在多處爆發。堅持上述主張的人繼續進行鬥爭，其間發生如下幾件事：幾位將軍主導的叛變以失敗告終、一九六二年三月十八日「埃維昂協議」[14]的簽署，以及發生對戴高樂的幾次暗殺行動。總計法國本土發生一百件恐怖攻擊事件，而阿爾及利亞則發生八百起，其中一部分是「民族解放陣線」下的手，一部分則要算在「祕密武裝組織」（Organisation armée secrète，簡稱OAS）頭上。後面這個組織這主要以恐怖主義為手段，支持「阿爾及利亞應仍是法國領土之一部分」的理念。

阿爾及利亞的獨立最後終於獲得承認。將近一百萬法國人和「哈基」（harkis）

12 譯注：又稱第一次亞非會議（Asian-African Conference），是部分亞洲和非洲的第三世界國家在印尼萬隆召開的國際會議。主要目的是促進亞非國家之間的經濟文化交流，並共同抵制美國與蘇聯的殖民主義和新殖民主義活動，也間接促成了不結盟運動。

13 譯注：亞倫·貝赫菲特（Alain Peyrefitte, 1925-1999），法國學者與政治家，曾任法國司法部長與教育部長等要職，與戴高樂私交甚篤。

14 譯注：埃維昂協議（Accords d'Évian），一九六二年三月十八日在法國埃維昂萊班（Évian-les-Bains）由法國政府和阿爾及利亞共和國臨時政府（即民族解放陣線流亡政府）共同簽署。該協議宣布三月十九日正式停火，結束了一九五四至一九六二年的阿爾及利亞戰爭，並正式確定了兩國之間的合作交流。

北非法國殖民軍在當地僱傭的本地軍人，他們都希望取得完整的法國國籍）離開了阿爾及利亞。他們永遠不會原諒戴高樂將軍。這股積怨一直留存到今天。在法國貝濟耶（Béziers），其市長不久前才為一條原先名為「一九六二年三月十九日」的街道重新命名。

- **在撒哈拉以南非洲，去殖民化的過程比較和平嗎？**
- 如果只談法國的情況，那麼該地區是可以藉由談判獲得自由的。

加斯頓・德費赫[15]曾說：「非洲黑人的眼睛都盯著北非局勢的變化，尤其是阿爾及利亞。」他和密特朗都明白，法國必須迎合非洲人的主張，才能創造一種信任的氣氛。德費赫曾在莫雷執政的年代，於一九五六年至一九五七年擔任法國海外部部長，期間他與「非洲民主聯盟」（Rassemblement démocratique africain）進行密切的接觸（該政黨是反對殖民統治之非洲政黨的聯盟）。他還在當地推動代議性質的政治。由於在黑色非洲少有殖民者長久定居，因此這種制度沒有與殖民者利益發生衝突的風險。

一九五六年六月，法國國會批准了德費赫提出的一項法律總則[16]，適用對象為黑色非洲的各領地以及馬達加斯加。主張泛非洲聯盟的（塞內加爾）利奧波德・桑戈爾表示反對這種「巴爾幹化」，而象牙海岸的烏弗埃－博瓦尼[17]則認為，要想跑步最好先學會「走路」，因此聯盟的目標應留待日後才加考慮。

鑑於法國在馬格里布的政治局勢變幻莫測，聯合國開始介入法國託管地多哥和喀麥隆獨立的準備工作。

因此，一九五八年戴高樂在馬達加斯加提出讓非洲人在自由聯盟和完全分離獨立兩者之間做出選擇時，法國準備放手的條件已經成熟了。九月二十八日，在根據第五共和國憲法所建立的「法蘭西共同體」（Communauté française）的框架下，法國海外領土應透過公民投票的方式在如下的三個辦法中選出一個最適合自

15 譯注：加斯頓・德費赫（Gaston Defferre, 1910-1986），法國政治家，曾任馬賽市長，並先後擔任過多個部會的首長。

16 譯注：此為法國與其海外帝國關係的轉折點。在殖民地獨立運動的壓力下，政府將一些權力從巴黎轉移至法國黑色非洲殖民地的民選政府，並通過實行普選和廢除多元選舉制度的辦法來消除投票的不平等。這是創建法國邦盟的第一步，與大英國協相當。

17 譯注：烏弗埃－博瓦尼（Houphouët-Boigny, 1905-1993），象牙海岸第一任總統。在任期間，象牙海岸與西方國家（尤其法國）維持緊密的關係，並且實行反共的外交政策。

己的：成為法國的一個縣、成為「法蘭西共同體」的成員國（等於內部自治）或是維持其先前的地位。只有幾內亞的塞古．杜爾[18]拒絕進入共同體。當時共有十二個國家享有內部自治權。一年後，塞內加爾和蘇丹聯合起來組成「馬利聯邦」（Fédération du Mali）[19]，並且立即要求獨立。其他國接著紛紛仿效。戴高樂說：「他們要走了……他們要走了。」他讓他們走了。一九六〇年，法國在黑色非洲的殖民地便一個不剩了。

• 所以透過談判獲取獨立是可行的？

• 法國的這項政策，讓人回想起一九五七年在英國人以歡慶活動迎接迦納獨立的場面。當年的新聞片捕捉了不少這類令人驚奇的鏡頭：穿著燕尾服的非洲政治家與優雅的黑人婦女或英國婦女隨著比吉納舞曲（biguine）的音樂翩然起舞，而與此同時，亮光照射在朝首都阿克拉前進的多艘獨木舟上，四周震耳欲聾的樂聲夾雜群眾高喊「自由」的口號聲。先前，總督阿登－克拉克（Arden-Clarke）已將獨立運動領袖恩克魯瑪[20]從監獄釋放出來，並讓他贏得選舉。這真是個好先例！

比屬剛果發生的事正好與上述例子形成鮮明的對比……那是不折不扣的一場

噩夢。一九五九年在利奧波德維爾（〔Léopoldville〕即今天的金夏沙）發生的暴力事件導致多名比利時軍官喪命，布魯塞爾震驚之餘決定擺脫這片殖民地。然而，獨立幾乎來不及準備，所以一九六〇年那裡處於類似無政府的狀態，連任何可以替代它的組織也沒有。約瑟夫．卡薩武布（Joseph Kasavubu）總統和他的總理帕特里斯．盧蒙巴（Patrice Lumumba）（革命分子和馬克思主義者）之間旋即爆發了戰爭，但是後者很快就遭暗殺。此外，喀坦加地區也已經在莫伊茲．沖伯[21]的煽動下脫離剛果。在冷戰期間，這裡的衝突被搬上國際檯面。

法國的例子也不可能在東非複製，因為在這些靠近阿拉伯世界之英國屬地上

18 譯注：塞古．杜爾（Sékou Touré, 1922-1984），幾內亞共和國第一任總統，民族主義者兼泛非主義者。

19 譯注：曾存在於西非的一個聯邦國家，現已解體。一九五九年四月，法屬蘇丹和塞內加爾兩個自治共和國決定在法蘭西共同體內結成聯邦，以古代馬利帝國的名稱命名為「馬利聯邦」。隔年宣布獨立後不久，就因為是否應當退出法蘭西共同體而出現政治分歧。

20 譯注：恩克魯瑪（Nkrumah, 1909-1972），首任迦納總統，非洲獨立運動領袖，泛非主義主要倡導者之一。

21 譯注：莫伊茲．沖伯（Moses Tshombe, 1919-1969），剛果民主共和國政治家、軍閥，曾任該國總理。

的印度人、非洲人和白人殖民者彼此無法妥協，相對較富庶的肯亞尤其如此。在坦干伊喀（Tanganyika）需要四年時間，在肯亞則需要六年才能平定茅茅起義[22]事件。

在獨立非洲所施加的壓力下，南非也是透過談判才解除種族隔離政策的危機（此政策是該國總統沃斯特〔Vorster〕長年施行的）。一九七六年索維托（Soweto）大屠殺引起聯合國的抗議，而英國則將南非排除在大英國協之外。世界輿論做出譴責，非洲人民的反應尤其激烈。戴克拉克（De Klerk）總統於一九八九年釋放了納爾遜．曼德拉。改革的進程上路了，並且在一九九四年開始實施「一人一票」的自由選舉制度。從此以後，黑人變成多數勢力，此一情況保證他們能參與執政。

多麼漫長的一條路……

- **最後一批被解放的地區在哪裡？**
- 在一九七〇年代早期，世界上只剩下葡萄牙在非洲的一些殖民地尚未獲得獨立。里斯本的獨裁政權自一九六〇年代以後，仍一直對殖民事業投入人力物力，以支持安哥拉的二十五萬名以及莫三比克的十三萬名葡萄牙人。其間發生莫斯科或北京支持的意識形態鬥爭，以及剛果介入的種族衝突。一九七四年，幾內亞比索的局勢嚴重到里斯本的斯皮諾拉將軍[23]認為葡國的軍政府無法解決問題，只有政權轉移才有助於非洲殖民獨立。因此，一九七四年四月在葡萄牙本土爆發了「康乃馨革命」[24]，由軍方確立了民主政治的建立，而軍方也為殖民地帶來了和平，結束持續了十三年的戰爭。

此外，我們也不能忘記前蘇聯各加盟國的獨立，其過程是令人難以想像的。

•怎麼說呢？

• 在蘇聯，沙皇統治時期併吞的領土如今以一種前所未見的政治操作達成獨立的目標。為了削弱蘇聯總統戈巴契夫的權力，一九九〇年五月當選俄羅斯總統的葉爾

22 譯注：英國殖民政府時期，肯亞於一九五六至一九六〇年間發生的軍事衝突。舉事的反殖民主義團體稱為茅茅，而與之對抗的是英軍與當地親英武裝。

23 譯注：安東尼奧・斯皮諾拉（António de Spínola, 1910-1996），葡萄牙軍官、政治人物。曾於一九七四年擔任葡萄牙總統。

24 譯注：又稱四二五革命，指葡萄牙首都里斯本於一九七四年四月二十五日發生的一次軍事政變。與普通暴力革命相對比，康乃馨革命者及軍方採用和平方式來達成目標，不須經過大規模的暴力衝突便獲得成功。葡萄牙將這一天定為自由日以資紀念。

欽宣布俄羅斯的主權從蘇聯體制中獨立出來……這彷彿是戴高樂宣布法國脫離法蘭西共同體做法的翻版！其他的共和國跟著效法葉爾欽，蘇聯只剩一個空殼。它的總統必須辭職。

蘇聯消失了，每個共和國從今以後都是自由的。俄羅斯和其他共和國一樣，但它不再擁有加盟的共和國（除了俄羅斯聯邦境內插上伊斯蘭綠旗的車臣、達吉斯坦和韃靼斯坦等共和國，它們距離莫斯科最近的僅有六百公里）。

在其他地方，俄羅斯人或者預先遷離僑居的共和國（如哈薩克斯坦），或者史無前例地成為僑居國中的少數民族（如愛沙尼亞、拉脫維亞和烏克蘭）。在後面這種情況中，各國的官方語言對於僅占人口百分之二十的俄羅斯人便造成了嚴重的問題。

現在俄羅斯共和國的南部已被穆斯林地帶圍起來，因此喪失了一條「寬闊邊界」的保護（法國歷史學家莎賓娜・杜林〔Sabine Dullin〕語）。

8
今日的影響

•殖民的歷史已經是一段結束的歷史嗎？

- 最後一塊殖民地的獨立距離今天已經五十年了，但是殖民事業的影響從來不像現在這樣意義深遠。

當大家都說「歷史已經翻開新頁」的時候，以前的「殖民母國」才正開始經歷可怕的、令人料想不到的事件，也是對未來不利的事件。在殖民時代，母國在世界遠處的角落察覺到令帝國為之撼動的迸裂，也就是人們所說的「事件」。但那些事件畢竟發生在遙遠的地方，母國並沒有太在意……如今，伊斯蘭為了復仇而大開殺戒、有人為了尋覓樂土卻先不幸溺死在地中海水域、富國和窮國之間的差距不斷擴大、每個國家中不平等的現象與日俱增：今天，這一切因素共同導致歐洲對未來的恐懼，以及種族主義在該地的蔓延。

至於前殖民地，它們有些自從殖民時代結束以來便不斷上演殘酷的悲劇：從一九六七年的比亞法拉共和國[1]到二〇一一年以來的敘利亞，期間先後經歷了一九七五年的柬埔寨、阿爾及利亞、一九八八年以來的車臣以及一九九四年的盧安達，接著蘇丹、帝汶和利比亞也都淪為了殺戮戰場，有時甚至發生當年降臨在亞美尼亞人和歐洲猶太人身上的那類種族滅絕的殘酷事件。這些舊日殖民地或新殖民主義的陰魂，都成為日後移轉到歐洲或美國之不幸事件的先兆。

- **這些悲劇都要殖民主義負責任嗎？**

- 過去的殖民事業要負一部分責任，這點我們不能否認。但是，為了解釋那些像是斷人手腳、砍人腦袋等的殘忍行為，我們不能把一切過錯都推給殖民歷史。這段歷史當然有其遺害，但是與美國崛起息息相關的全球化力量正在發展，再加上冷戰的演變以及中國和蘇聯的競爭（特別是在東亞地區），在在都是造成那些悲劇的因素。至於在伊斯蘭世界爆發的穆斯林不滿情緒，評論家阿德爾瓦哈布・梅德布（Abdelwahab Meddeb）以「伊斯蘭病」(la maladie de l'islam）一詞來概括為實現復仇色彩的基本教義派而表現出來的犯罪激情。為了說明法語系非洲國家的「裂口」（cassure），前中非共和國總理讓－保羅・恩古潘德（Jean-Paul Ngoupandé）特別指出許多非洲領袖的拙劣施政實為其原因。黎巴嫩作家亞明・馬盧夫（Amin Maalouf）

1　譯注：比亞法拉共和國（Republic of Biafra, 1967-1970），奈及利亞東南部一個由分離主義者建立的歷史上未被普遍承認的國家。其政權的軍事首領於一九七〇年一月十二日正式宣布有條件投降。該國得名於其南邊瀕臨大西洋的比亞法拉海灣（今邦尼灣）。

則把普遍的幻想破滅現象，歸因於共產主義垮台所造成的錯亂。

- **殖民地的那段過去今天還剩下什麼？**
- 自一九六〇年代中期以來，以前由歐洲列強統治支配的地區幾乎已不存在殖民者或殖民地了。雖然殖民母國自願或被迫放棄部分或全部的殖民地，但是它們的經濟和政治領袖組成了「歐洲經濟聯盟」，並從第三世界招來工業生產大軍以減少生產成本，並且抵制和規避本國員工的索求。因此，昔日的殖民母國便創造出了一個類似殖民地的狀況：馬格里布人、加勒比海人、印度人和巴基斯坦人來到歐洲以及其他地方從事歐洲人不想再做的工作，而這群長期以來皆為臨時性質的外籍移工在家人紛紛前來團聚的情況下，也開始於東道國扎根。

與此同時，往昔殖民時期的生產方式和關係已經被一種新的跨國帝國主義所取代。早在一九五五年，迦納的恩克魯瑪即已明確表示：

新殖民主義的定義如下：一個如今已獨立的國家，其施政政策卻讓人從外部操控，讓帝國主義列強實行無形統治，藉由國際貨幣基金組織等大型銀行集團加以支配。再加上對石油或原料價格的被動接受、對匯率的無力掌控，獨立國家儘管可以更換政府，但這絲毫不會改變它們的處境。

早在一九六一年，黎巴嫩的記者阿布・艾曼（Abou Ayman）就為一篇文章冠上〈獨立是殖民主義之終極階段〉（L'indépendance est le stade suprême du colonialisme）的標題。

所謂的「第三世界」中的某些國家，得以迫使昔日的殖民母國和壟斷企業放棄部分的利潤。一九六〇年，「石油輸出國組織」（簡稱OPEP）的創立，代表針對跨國帝國主義的一種新形式之抵制。不久之後，十一個前殖民地國家加入了這個組織。在一九七三至一九七四年的石油危機中，其影響力第一次嶄露頭角。這一方面與對巴勒斯坦問題的反彈有關，因為阿拉伯人自從一九六七年的「六日戰爭」以來，便認為以色列軍隊占領一九四七年巴勒斯坦分得[2]之部分領土的舉措形同殖民主義死灰復燃。

2　譯注：即「聯合國大會一八一號決議」，亦稱「聯合國巴勒斯坦分割方案」。

另一個反抗美國主導之新帝國主義的力量，來自於由卡斯楚、切．格瓦拉以及黑人穆斯林支持的「三洲革命組織」。該組織成立的目的旨在將曾經成功發動革命的國家齊聚一堂，其中包括布邁丁[3]統治下的阿爾及利亞。

自一九九〇年代以來，冷戰的結束釋放了可以相對平衡「世界經濟美國化」現象的力量。中國尤其如此。如今輪到它學起美國或是歐洲，將支配勢力延伸到國界以外的地方，以自己的方式殖民撒哈拉以南非洲以及東亞地區等經濟體質脆弱的國家。

補充說明一下：時至今日，殖民地式的統治仍然非常真實地存續著。例如，現在加拿大和美國都還有印第安人的保護區。「拉丁」美洲和南非的情況也是一樣，即使歷史上那些令人髮指的暴行已經結束，即使種族隔離政策已被廢除也是一樣。最後，舊政權時代的許多殖民事業特徵如今也還存在於以色列。那些移墾者對巴勒斯坦人的態度和昔日法國人對阿爾及利亞人的態度相去不遠，因為他們以過去殖民者的手段蠶食約旦河西岸的土地。

無論今後可能出現的危險是什麼，無論這些危險是否為過去殖民史的貽害，啟蒙哲學家的理念（即使有時仍受質疑）今天已經成功、正向地扭轉了很多人的命運。在那個三K黨的國家中，黑人巴拉克・歐巴馬得以在二〇〇九年和二〇一二年兩度當選美國總統，已然體現了馬丁・路德・金恩基督教人道主義的勝利以及共和主義精神的發揚。此外，加拿大也出現了黑人總督。然而，將近十年之後，美國共和黨唐納・川普的勝選則揭示了美國種族主義勢力的捲土重來。

在拉丁美洲和加勒比地區，無論今天那裡飄揚的是舊國旗或是新國旗，由於種族混血的關係，對於奴隸販運和奴隸制度的恐怖感覺已逐漸被克服或緩解。不過，在山區和森林中，印第安人的怨恨偶爾會爆發開來，然後過一陣子又沉寂下去。

由於南非婦女聯盟和教會聯盟的努力，種族隔離的政策才得以結束，然而黑人的怨恨卻一直沒有消除。曼德拉的副手、外號「解放者」的朱利葉斯・馬勒馬（Julius Malema）曾在二〇一五年公開表示，「除非白人變得和黑人以及他們的僕人一樣窮」，否則他是「快活不起來的」。不過，國家整體變得富有是可以減輕這種怨恨的。

3　譯注：胡阿里・布邁丁（Houari Boumediène, 1932-1978），阿爾及利亞革命委員會主席、共和國總統。

就在一九六二年七月五日阿爾及利亞慶祝獨立之際，權力鬥爭仍繼續令整個國家處於腥風血雨之中，並且導致一些法國人遇害（尤其在奧蘭一帶）。阿爾及利亞人在二十年間，因彼此衝突而造成的死難人數與獨立戰爭奪走的性命一樣多。時至今日，這場戰爭仍在檯面下進行，連法國都間接感受到它的衝擊。

在撒哈拉以南非洲，從殖民時代沿襲下來的邊界只有少數真正對應原先每個民族的「故鄉」範圍。一九六四和一九八七年間，因為獨立戰爭的暴力以及接下來的奪權傾軋而遭暗殺的國家領袖除了衣索匹亞的皇帝之外，還另有十六位。政權更迭的受益者就像當初為所欲為的殖民者的那樣，霸占了權柄以及幾乎是無窮盡的財富。一九六二年時，勒內・杜蒙（René Dumont）就說過：「黑色非洲一開始就走歪了。」象牙海岸的蒙蒂（A. Monti）也寫道：「貪污之風盛行，連最小的村落也不例外。」

殖民時代遺留下來的種族主義以及殖民統治令某一族群而非另一族群受惠的觀念亦造成悲劇性的後果，這就是一九七五年奈及利亞伊博族以及一九九四年盧安達圖西族遭受種族滅絕式大屠殺的起因。

矛盾的是，前法屬西非國家在獨立後不斷加強與母國的聯繫。法國駐查德的黑人總督費利克斯．艾布埃（Félix Eboué）在第二次世界大戰期間曾向戴高樂表示支持。等到前殖民地各國獨立後，法國即擁有與其站在同一陣線的盟國，等於法國在聯合國的勢力增強了十二倍，這是法語世界的一大成功。

此外，雖然這些非洲國家貪瀆情況嚴重，然而賈克．福侯卡[4]主導的計畫令象牙海岸和加彭等國的經濟發展起來，並確保和非洲商務事業的成功。這些社會與法國建立了信任關係，因此，當二〇一二年馬利共和國爆發政治軍事危機時，該國及其鄰國就請求法國介入以解除伊斯蘭的威脅。

•伊斯蘭教的報復與殖民歷史有什麼關聯？

•殖民過程所激起的怨恨，那股在殖民事業結束後依然存在的怨恨在伊斯蘭國家表現得要比其他地方更為猛烈，因為它源自於鄂圖曼帝國崩解和哈里發廢除所引發之不堪承受的羞辱感。這種怨恨對於伊斯蘭教的建構至關重要。一九四六年，第二次世界大戰後次年，亦即在冷戰的初期，埃及「穆斯林兄弟會」[5]的創始人哈

4　譯注：賈克．福侯卡（Jacques Foccart, 1913-1997），法國政府的非洲事務首席顧問，曾於一九五九年參與創立「市民行動部門」，在非洲進行祕密工作。

桑・班納（Hassan Al-Banna）寫道：

> 西方世界在犯下不公不義、奴役以及暴政的罪行後，如今迷失在矛盾的困惑中。……現在，東方只要在神之大旗的飄揚下，在《古蘭經》堅固信仰之大旗的護持下伸出強而有力的手，全世界將在伊斯蘭的庇蔭下找回安寧與和平。

一九五〇年代，穆斯林兄弟會的思想導師、埃及的賽義德・庫特布（Sayyid Qutb）評論道：

> 西方人的統治之所以結束，並不是因為西方文明在物質上破產了……而是由於西方不再具備那一套令它享有優勢地位的價值體系……在科學革命時期發展起來的那種民族主義，以及局限於一片領土的社群已經結束其功能。如今輪到伊斯蘭教上場了。

現況就是這樣。敵人就是民族國家、領土「這個監獄」。伊斯蘭運動繼續擴展並強化其行動手段，其養料則來自於對西方的不滿情緒。

他們今天的雄心壯志依然沒有改變，「其目標是『伊斯蘭化的現代性』，而不是現代化的伊斯蘭」[6]。那是對世界之西方化的反應，並且在一九七九年伊朗革命後達到了的新規模。當初支撐它的自由、平等理念，以及世俗力量後來似乎都被宗教認同的回歸所清除。何梅尼設法結束不公不義的世界，讓伊朗服務伊斯蘭教而不是讓伊斯蘭教服務伊朗，同時也讓伊斯蘭教服務反對西方帝國主義與民族國家的行動。奧薩瑪．賓．拉登領導的恐怖組織「蓋達」策動一系列針對美國、索馬利亞、蘇丹的自殺式襲擊，並在二〇〇一年九月十一日襲擊世貿中心的事件中達到高潮，而與以色列對抗的一些組織也伊斯蘭化。來自伊斯蘭另一個源頭的塔利班勢力在巴基斯坦和阿富汗著手摧毀前伊斯蘭的古蹟，露出消滅一切前伊斯蘭事物的願望。這種心態亦存在敘利亞的極端主義運動中，而且與「伊斯蘭國」

5 譯注：一個以伊斯蘭遜尼派傳統為主而形成的宗教與政治團體。該會的目標是讓《古蘭經》與聖行成為伊斯蘭家庭與國家最主要的核心價值。

6 作者注：Abdessalam Yassin, *Islamizing Modernity*, Casanova, Al Ofok, 1998.

結合起來。二〇一六年，恐怖主義的「島鏈」仍繼續擴張，從阿富汗的塔利班到索馬利亞的「青年黨」[7]，從敘利亞的伊斯蘭國到奈及利亞的「博科聖地」[8]，到薩赫勒（Sahel）[9]和利比亞，再到法語西非。好幾個國家在二〇一五年遭到一連串的恐怖攻擊。繼馬德里之後，布魯塞爾之前，法國即發生了《查理週刊》、Hyper Cacher猶太超市和巴塔克朗劇院等三起事件。此外，突尼西亞的巴爾多（Bardo）亦發生恐怖攻擊。參加這種行動的大部分是激進的北非馬格里布青年，他們與其父母的原籍國已無任何聯繫，但在自己所居住的國家中又無法生根，甚至和自己家庭的關係亦是疏離。

在殖民地時期，歐洲人對於自己的角色和行為是十分肯定的。今天，面對伊斯蘭那種行事毫不猶豫的極端主義時，歐洲的民族國家卻仍然不確定要採取何種反對態度。一九九〇年代中期，哲學家和社會學家撒米・納伊爾（Sami Naïr）以如下的文字描述了伊斯蘭基本教義派的知識分子：

> 從全球意義上看，這種人可以說是種族隔離的支持者（從根本上將伊斯蘭與據稱是邪惡的西方世界隔離開來），但從地方層面來講，他們同樣藉由服

裝、儀式、食物、嚴格區別男女等等事項主張種族隔離。他們不相信任何世俗的權威（除非它以超驗方式呈現），所以他們也不相信民主或是共和。一旦處於弱勢地位，他們倒是很清楚該如何充分利用民主或是共和的優勢，不過還是深深地蔑視其內涵（寬容、政黨輪替、個人自由）。他們並非失去理智的人，但是他們的神允許他們為所欲為，允許他們不擇手段達成目的。[10]

暴力源頭遠遠不只一個，這也再度激活了先前看起來似乎已停止的分裂現象，亦即遜尼派和什葉派，甚至和阿拉維派[11]間的分裂。這些派系的代表彼此相

7 譯注：全名為「聖戰者青年運動」，活動於東非國家索馬利亞的一個伊斯蘭基本教義派恐怖組織，意圖推翻非洲聯盟和索馬利亞政府。該組織目前主要控制了索馬利亞的中南部土地。

8 譯注：屬於伊斯蘭基本教義派組織，目前已歸順伊斯蘭國，又名伊斯蘭國西非省。主張在奈及利亞全國推行穆罕默德先知的伊斯蘭教法，以及透過聖戰成為哈里發國的一部分，有奈及利亞的「塔利班」之稱。

9 譯注：非洲北部撒哈拉沙漠和中部蘇丹草原地區之間一條總長超過五千四百公里、最寬可達一千公里的地帶，從非洲以西的大西洋伸延到東部的衣索比亞高原，橫跨至少十四個國家。

10 作者注：Sami Naïr, « Les deux regards », *Dédale*, no 5/6, avril 1997, Postcolonialisme, p. 17-31.

互撕裂、相互毀滅。

- 我們就以如下的問題來引出結論：將來有一天世人能否以平靜的眼光看待殖民的歷史？
- 單就法國而言，我們可能無法達到那個境界，因為去殖民化的過程充滿暴力，何況仍有一些個人由於種種原因仍留著傷痛的記憶，而這些記憶會代代相傳下去。不過，殖民的歷史並不能簡化為受害者和加害者面對面的關係。前西屬美洲之混血社會的例子表明，上述那種類型的衝突遠非該社會的主軸。事實上，北非、撒哈拉以南非洲以及印度的人都開始全面質疑「理性」做為歷史驅動力之教條的普世性，就像他們開始質疑歐洲的價值觀那樣。

若將殖民事業及其後果放置在大於其自身歷史的框架中，我們就能看出一些事實。在阿爾及利亞獨立那一天的慶典上，事實上沒有任何一位服膺啟蒙主義價值的獨立推手（例如費爾哈特．阿巴斯、艾哈邁德．本．貝拉或梅沙利．哈吉）出現在觀禮台上。這件事類似於今天印度發生的一件事：甘地和尼赫魯的國大黨，做為西方價值觀繼承者的國大黨，已被排擠出了權力核心，而且代之而起的則是印度的民族主義政黨，推崇印度教傳統價值政黨。其間，一九七九年何梅尼和伊朗神職人員同時排除左派人士以及資產階級，此外，在前人民民主[12]中，在共產黨政權實施清算之後，持各種不同理念的異議者即被排除在外。

這就是所有為了捍衛人權而奮鬥爭之人士沒落的情況。似乎群體歸屬感的本能已凌駕於自由的理想上。今天，教宗方濟各（Franciscus）秉持德拉斯．卡薩斯[13]的理想，呼籲回歸基督教人文主義的價值觀。對於我們這些歷史學家來說，我們有必要一次又一次地重寫歷史，但那將是多個聲音的歷史。

11 譯注：阿拉維派（Alawites），一個神祕主義和融合主義的宗教群體，屬於什葉派分支，主要集中於敘利亞。

12 譯注：「人民民主」是共產主義政治詞彙中，用來區分共產主義國家與自由民主國家的術語。該術語被廣泛用於宣傳目的，以掩蓋馬克思列寧主義政權在第二次世界大戰解放中歐和東歐後，所強加的獨裁統治與階級不平等。

13 譯注：巴托洛梅．德拉斯．卡薩斯（Bartolomé de las Casas），曾致力保護西班牙帝國治下的美洲印第安人，對虐害他們的西班牙殖民者竭力控訴，專注為原住民謀求平等待遇。

年表

一四三三　中國最後一次前往莫三比克探索。
一四九二　哥倫布在加勒比海地區。
一四九八　瓦斯科·達伽馬在印度加爾各答。
一五〇〇　發現巴西，美洲黑人奴隸制的發展。
一五一九至一五二一　科爾特斯抵達墨西哥。
一五三一至一五三四　畢沙羅征服印加帝國。
一五四九　方濟·沙勿略在日本。
一六一九　荷蘭人在巴達維亞。
一六二〇　「五月花號」遠航。

一六二五至一六四四　法國人在西印度群島和加拿大。
一六三二　俄羅斯人在雅庫茨克。
一六三七　法國人在塞內加爾。
一七四四　約瑟夫－夫杭索瓦・杜柏雷（Joseph François Dupleix）在印度。
一七七六至一七八三　美國獨立戰爭。
一七八七　「黑人之友協會」成立。
一七八八　第一批罪犯抵達雪梨的植物學灣。
一八〇四　海地獨立。
一八〇七　威爾伯福斯（Wilberforce）廢除大英帝國的黑奴貿易。
一八二一至一八二二　巴西及西班牙屬美洲獨立。
一八二三　「美國殖民協會」建立賴比瑞亞。
一八三〇　法國人在阿爾及利亞。
一八三九　猶太人在巴勒斯坦建立第一批殖民村莊。

一八四八　法國由維克多．索雪爾推動廢除奴隸制。
一八五七　印度的印度兵暴動。
一八六七　成立加拿大聯邦。
一八八一　巴爾多條約：突尼西亞成為法國保護國。
一八八三　安南接受法國為保護國。
一八八四　德國人在納米比亞、多哥、喀麥隆。柏林會議：瓜分黑色非洲。
一八八五　印度：創建國大黨。馬達加斯加成為法國保護國。
一八九八　美西戰爭：古巴的獨立。菲律賓與波多黎各改隸美國。
一九一二　摩洛哥成為法國保護國。
一九一六　阿拉伯人動員反抗鄂圖曼帝國。《賽克斯－皮科協定》。
一九一七　《巴爾福宣言》：贊成在巴勒斯坦區域建立猶太基地。
俄羅斯：列寧主張自決權。
一九二〇　巴庫東方民族會議。

一九三三　開羅舉行第一屆穆斯林兄弟會會議。
一九四七　印度和巴基斯坦獨立。
一九五四　印度支那戰爭結束與日內瓦協定。「民族解放陣線」發起阿爾及利亞反抗運動。
一九五六　蘇伊士危機（七月至十一月）。突尼斯和摩洛哥獨立。
一九六〇至一九六四　非洲獨立。
一九六四　巴勒斯坦解放組織第一次代表大會。
一九六八至一九七五　越南戰爭、柬埔寨的赤柬（紅色高棉）。
一九七三　孟加拉國脫離巴基斯坦獨立。贖罪日戰爭。巴勒斯坦恐怖主義開始。
一九七四　幾內亞比索獨立。葡萄牙：康乃馨革命。
一九七九　越南入侵柬埔寨。伊朗伊斯蘭革命。羅德西亞「去殖民化」。
一九八五　反對南非種族隔離的鬥爭。
一九八六　《新喀里多尼亞地位法》。
一九八九　蘇聯解體：俄羅斯和其他共和國宣稱自己的主權。

一九九四　南非種族隔離結束。巴勒斯坦政權確立。
二〇〇一　「蓋達」組織攻擊紐約和華盛頓。
二〇一一　阿拉伯之春（突尼西亞、埃及、敘利亞）。
二〇一四至二〇一六　「伊斯蘭國」創建。巴黎、突尼斯、西奈、布魯塞爾等地恐攻。

參考書目與電影列表

書籍和文章

Charles-Robert AGERON (dir.), *Histoire de la France coloniale*, 2 vol., Paris, Colin, 1991.

Solange ALBERRO, *Les Espagnols dans le Mexique colonial. Histoire d'une acculturation*, Paris, Colin, 1992.

Jean-Loup AMSELLE, *Logiques métisses. Anthropologie de l'identité en Afrique et ailleurs*, Paris, Payot, 1990.

Hannah ARENDT, *L'Impérialisme. Les origines du totalitarisme,* rééd., Paris, Seuil, « Points Essais », 2010 [1982].

Bartolomé BENNASSAR et Bernard VINCENT, *Le Temps de l'Espagne, XVIe-XVIIe siècles*, Paris, Fayard, « Pluriel », 2011 [1985].

Alexandre BENNIGSEN et Chantal QUELQUEJAY, *Les Mouvements nationalistes chez les musulmans de Russie,* Paris, Mouton, 1960.

Salvador BERNABEU, Chrisophe GIUDICELLI et Gilles HAVARD (dir.), *La Indianizacíon, s. XVI- XIX*, Madrid, Doce Calles, 2013.

Jean-Pierre BERTIN-MAGHIT, *Lettres filmées d'Algérie. Des soldats à la caméra (1854-1962)*, Paris, Nouveau Monde, 2015.

Romain BERTRAND, *L'Histoire à parts égales. Récit d'une rencontre, Orient-Occident, XVIe- XVIIe siècle*, Paris,

Seuil, 2011 ; « Points Histoire », 2014.
Pierre BOURDIEU, *Travail et travailleurs en Algérie*, Paris, PUF, 1958.
Fernand BRAUDEL, *La Méditerranée à l'époque de Philippe II*, 3 vol., rééd., Paris, LGF, 1993 [1990].
Pierre BROCHEUX et Daniel HÉMERY, *Indochine. La colonisation ambiguë, 1858-1954*, rééd., Paris, La Découverte, 2004 [1995].
Jacques CANTIER et Eric JENNINGS (dir.), *L'Empire colonial sous Vichy*, Paris, Odile Jacob, 2004.
Olivier CARRÉ et Gérard MICHAUD, *Les Frères musulmans, 1928-1982*, Paris, Gallimard, « Archives », 1983.
Hélène CARRÈRE D'ENCAUSSE, *Réforme et révolution chez les musulmans de l'Empire russe*, rééd., Paris, Les Presses de Sciences Po, 1981 [1966].
Aimé CÉSAIRE, « Discours sur le colonialisme », *Présence africaine*, 1955.
Jean-Pierre CHRÉTIEN, *L'Afrique des Grands Lacs*, rééd., Paris, Flammarion, « Champs », 2011.
Jean COHEN, « Colonisation et racisme en Algérie», *Les Temps modernes*, 1955, t. II, vol. II, p. 580-590.
Fanny COLONNA, *Instituteurs algériens, 1883- 1939*, Paris, Les Presses de Sciences Po, 1975.
Patrice de COMARMOND et Claude DUCHET, *Racisme et société*, Paris, Maspero, 1969.
Frederick COOPER et Ann Laura STOLER, *Repenser le colonialisme*, Paris, Payot, 2013.
Catherine COQUERY-VIDROVITCH, *Enjeux politiques de l'histoire coloniale*, Marseille, Agone, 2009.
Jocelyne DAKHLIA et Bernard VINCENT (dir.), *Les Musulmans dans l'histoire de l'Europe*, 2 vol., Paris, Albin Michel, 2011-2012.
Sylvie DALLET (dir.), *Guerres révolutionnaires, histoire et cinéma*, Paris, L'Harmattan, 1984.
François DOZON, *Frères et sujets. La France et l'Afrique en perspective*, Paris, Flammarion, 2003.
Claude et Michel DUCHET, « Un problème politique : la scolarisation de l'Algérie », *Les Temps modernes*, 1955-1956, t. II, vol. II, p. 1387-1421.

Georgette ELGEY, *Histoire de la IVe République*, 6 vol., Paris, Fayard, 1965-2012.
Frédéric ENCEL, *Comprendre la géopolitique*, rééd., Paris, Seuil, « Points Essais », 2011 [2009].
Frantz FANON, *Peau noire, masques blancs*, rééd., Paris, Seuil, « Points Essais », 2015 [1954].
Marc FERRO (dir.), *Le Livre noir du colonialisme (XVIe-XXIe siècle). De l'extermination à la repentance*, Robert Laffont, 2003 ; rééd., Paris, Fayard, « Pluriel », 2010 [2003].
Jean-Pierre FILIU, *Les Frontières du Jihad*, Paris, Fayard, 2006.
Marie FOURCADE et Inès G. ŽUPANOV (dir.), *L'Inde des Lumières, XVIIe-XIXe siècle*, Paris, Éditions de l'EHESS, « Purusartha », 2013.
Arlette GAUTIER, *Les Sœurs de solitude. Femmes et esclavage aux Antilles du XVIIe au XIXe siècle*, Rennes, Presses universitaires de Rennes, 2010.
Raoul GIRARDET, *L'Idée coloniale en France, de 1871 à 1962*, rééd., Paris, Hachette « Pluriel », 2005 [1972].
Antoine GLASER et Stephen-J. SMITH, *L'Afrique sans Africains. Le rêve blanc du continent noir*, Paris, Stock, 1994.
Olivier GRENOUILLEAU, *Les Traites négrières. Essai d'histoire globale*, Paris, Gallimard, 2004.
Serge GRUZINSKI, *La Colonisation de l'imaginaire. Sociétés indigènes et occidentalisation dans le Mexique espagnol des XVIe-XVIIIe siècle*, Paris, Gallimard, 1988.
Mohammed HARBI et Benjamin STORA, *La Guerre d'Algérie*, Paris, Hachette, « Pluriel », 2005.
Charles-André JULIEN (dir.), *Les Techniques de la colonisation, XIXe-XXe siècle*, Paris, PUF, 1947.
Gilles KEPEL, *Jihad*, rééd., Paris, Gallimard, « Folio », 2003 [2000].
Simone et Jean LACOUTURE, *L'Égypte en mouvement*, Paris, Seuil, 1956.
Abdallah LAROUI, *L'Histoire du Maghreb*, 2 vol., rééd., Paris, Maspero, 1976 [1970].
Henry LAURENS, *L'Empire et ses ennemis. La question impériale dans l'histoire*, Paris, Seuil, 2009.

Sophie LE CALLENNEC et Elikia M'BOKOLO, *Afrique noire : histoire et civilisation du XIXe siècle à nos jours*, rééd., Paris, Hatier, 2004 [1992].

Bernard LEWIS, *Comment l'islam a découvert l'Europe*, rééd., Paris, Gallimard, « Tel », 2005 [1984].

Jean-Louis MARGOLIN et Claude MARKOVITS, *Les Indes et l'Europe, histoires connectées, XVe - XXIe siècles*, Paris, Gallimard, « Folio », 2015.

Jacques MARSEILLE, *Empire colonial et capitalisme français. Histoire d'un divorce*, rééd., Paris, Albin Michel, 2005 [1986].

Charles MORAZÉ, *Les Bourgeois conquérants*, 2 vol, rééd., Bruxelles, Complexe, 1999-2000, [1985].

Claire MOURADIAN, *De Staline à Gorbatchev. Histoire d'une République soviétique*, l'Arménie, Paris, Ramsay, 1990.

André NOUSCHI, *L'Algérie amère, 1914-1994*, Paris, MSH, 1996.

Ahmed RASHID, *L'Ombre des talibans*, Paris, Autrement, 2001.

Marcus REDIKER, *À bord du négrier. Une histoire atlantique de la traite*, Paris, Seuil, 2013.

Jean-Pierre RIOUX (dir.), *La Guerre d'Algérie et les Français*, Paris, Fayard, 1990.

Olivier ROY, *L'Islam mondialisé*, rééd., Paris, Seuil, « Points Essais », 2004 [2002].

Pierre SINGARAVÉLOU (dir.), *Les Empires coloniaux*, Paris, Seuil, « Points Histoire », 2013.

Pierre-François SOUYRI, *Nouvelle Histoire du Japon*, Paris, Perrin, 2010.

Benjamin STORA, *Histoire de l'Algérie coloniale*, Paris, La Découverte, 2004.

—, *Histoire de la guerre d'Algérie*, Paris, La Découverte, 2004.

Sanjay SUBRAHMANYAM, *Vasco de Gama. Légende et tribulations du vice-roi des Indes*, Seuil, « Points Histoire », 2014 [2012].

Sanjay SUBRAHMANYAM (dir.), *L'Empire portugais d'Asie, 1500-1700*, Seuil, « Points Histoire », 2013.

Sylvie THÉNAULT, *Violence ordinaire dans l'Algérie coloniale*, Paris, Odile Jacob, 2015.
Tzvetan TODOROV, *La Conquête de l'Amérique. La question de l'autre*, Paris, Seuil, 1982.
Lucette VALENSI, *Fables de la mémoire. La glorieuse bataille des Trois Rois* (1578), rééd., Paris, Chandeigne, 2009 [1992].
Jeannine VERDES-LEROUX, *Les Français d'Algérie de 1830 à aujourd'hui*, rééd., Paris, Fayard, « Pluriel », 2015 [2001].
Pierre VIDAL-NAQUET, *La Torture dans la République*, rééd., Paris, Maspero, 1975 [1972].
Nathan WACHTEL, *La Vision des vaincus. Les Indiens du Pérou devant la conquête espagnole*, Paris, Gallimard, 1971.
Michel WINOCK, *La République se meurt. Chronique, 1956-1958*, Paris, Seuil, 1978.

電影列表

Apocalypse Now, Francis Ford Coppola, 1979, États-Unis.
Avoir vingt ans dans les Aurès, René Vautier, 1972, France.
Bandera (La), Julien Duvivier, 1935, France.
Ceddo, Ousmane Sembène, 1977, Sénégal.
Charge de la brigade légère (La), Michael Curtiz, 1936, États-Unis.
Chronique des années de braise, Mohammed Lakhdar Hamina, 1975, Algérie.
Escadron blanc (L'), Joseph Peyré et Augusto Genina, 1934, Italie.
Indonésie appelle (L'), Joris Ivens, 1946, France.
Lawrence d'Arabie, David Lean, 1962, Grande- Bretagne.
Mémoire fertile, Michel Khleifi, 1982, Palestine.

Non, ou la vaine gloire de commander, Manoel de Oliveira, 1971, Portugal.
Nouba des femmes du mont Chenoua (La), Assia Djebar, 1978, Algérie.
Sang du condor (Le), Jorge Sanjines, 1969, Bolivie.
Trois Lanciers du Bengale (Les), Henry Hathaway, 1935, États-Unis.
Visiteurs (Les), Elia Kazan, 1972, États-Unis.

On trouvera une bibliographie et une filmographie développées dans Marc Ferro, *Histoire des colonisations*, Paris, Seuil, 1994, rééd. « Points », 1996.

向下扎根！法國教育的公民思辨課2
「為什麼會有殖民地？殖民政策如何影響當今全球權力布局？」
從地理、歷史與社會學角度，
綜觀大國如何崛起

向下扎根！法國教育的公民思辨課. 2：
「為什麼會有殖民地？殖民政策如何影響當今全球權力布局？」從地理、歷史與社會學角度，綜觀大國如何崛起／
馬克・費侯（Marc Ferro）著；翁德明譯
－初版.－臺北市：麥田出版：
家庭傳媒城邦分公司發行，2019.8
面； 公分
譯自：La colonisation expliquée à tous
ISBN 978-986-344-678-1(平裝)
1.殖民主義 2.公民教育
577.1　　108010197

封面設計　倪旻鋒
印　　刷　漾格科技股份有限公司
初版一刷　2019年8月

定　　價　新台幣299元
ISBN　978-986-344-678-1
Printed in Taiwan

作　　者　馬克・費侯（Marc Ferro）
譯　　者　翁德明
責任編輯　林如峰
國際版權　吳玲緯
行　　銷　巫維珍　蘇莞婷　黃俊傑
業　　務　李再星　陳紫晴　陳美燕　馮逸華
主　　編　林怡君
編輯總監　劉麗真
總 經 理　陳逸瑛
發 行 人　涂玉雲

出　　版

麥田出版
台北市中山區104民生東路二段141號5樓
電話：(02) 2-2500-7696　傳真：(02) 2500-1966
網站：http://www.ryefield.com.tw

發　　行

英屬蓋曼群島商家庭傳媒股份有限公司城邦分公司
地址：10483台北市民生東路二段141號11樓
網址：http://www.cite.com.tw
客服專線：(02)2500-7718; 2500-7719
24小時傳真專線：(02)2500-1990; 2500-1991
服務時間：週一至週五09:30-12:00; 13:30-17:00
劃撥帳號：19863813　戶名：書虫股份有限公司
讀者服務信箱：service@readingclub.com.tw

香港發行所

城邦（香港）出版集團有限公司
地址：香港灣仔駱克道193號東超商業中心1樓
電話：+852-2508-6231　傳真：+852-2578-9337
電郵：hkcite@biznetvigator.com

馬新發行所

城邦（馬新）出版集團【Cite(M) Sdn. Bhd. (458372U)】
地址：41-3, Jalan Radin Anum, Bandar Baru Sri Petaling, 57000 Kuala Lumpur, Malaysia.
電話：+603-9056-3833　傳真：+603-9057-6622
電郵：cite@cite.com.my